本书获 2018 年度以马克思主义为指导的福建省社科规划哲学社会科学学科基础理论研究重点项目《全面开放新格局下生产性服务业创新升级的机理、效应与实现路径研究》资金资助,项目编号:FJ2018MGCA021。

QUANMIAN KAIFANG XINGEJUXIA
ZHONGGUO SHENGCHANXING FUWUYE
CHUANGYE SHENGJI YANJIU

全面开放新格局下中国生产性服务业创新升级研究

刘文华 ◎著

厦门大学出版社
国家一级出版社
全国百佳图书出版单位

图书在版编目(CIP)数据

全面开放新格局下中国生产性服务业创新升级研究/刘文华著.—厦门:厦门大学出版社,2019.12
 ISBN 978-7-5615-7710-3

Ⅰ.①全…　Ⅱ.①刘…　Ⅲ.①生产服务—服务业—产业发展—研究—中国　Ⅳ.①F726.9

中国版本图书馆 CIP 数据核字(2020)第 012746 号

出 版 人	郑文礼
责任编辑	潘　瑛

出版发行	厦门大学出版社
社　　址	厦门市软件园二期望海路 39 号
邮政编码	361008
总　　机	0592-2181111　0592-2181406(传真)
营销中心	0592-2184458　0592-2181365
网　　址	http://www.xmupress.com
邮　　箱	xmup@xmupress.com
印　　刷	虎彩印艺股份有限公司

开本	720 mm×1 000 mm 1/16
印张	12.25
插页	2
字数	182 千字
版次	2019 年 12 月第 1 版
印次	2019 年 12 月第 1 次印刷
定价	66.00 元

本书如有印装质量问题请直接寄承印厂调换

厦门大学出版社
微信二维码

厦门大学出版社
微博二维码

目 录
Contents

第1章 绪论
1.1 研究背景 / 3
1.2 中国服务业实现跨越式发展 / 16
1.3 基本概念的界定 / 22
1.4 研究意义 / 32

第2章 生产性服务业创新升级的相关理论
2.1 生产性服务业创新升级文献综述 / 33
2.2 生产性服务业国际转移文献综述 / 38
2.3 服务外包理论解释 / 55
2.4 分工理论 / 62

第3章 生产性服务业创新升级的外包模式分析
3.1 我国生产性服务业创新升级的路径与模式分析 / 81
3.2 服务外包的价值链与影响因素分析 / 88
3.3 生产性服务离岸外包的空间格局 / 102
3.4 生产性服务离岸外包的技术外溢效应 / 109

第4章 生产性服务业创新升级的FDI模式
4.1 国际服务贸易提供方式的选择 / 116
4.2 生产性服务业跨国企业的全球资源配置 / 119
4.3 在华生产性服务业FDI的效应 / 127

第5章 生产性服务业与制造业融合创新模式分析

5.1 生产性服务业与制造业融合创新的内在机理 / 135

5.2 生产性服务业与制造业融合创新的模式与路径 / 150

5.3 生产性服务业与制造业融合创新的影响因素 / 154

第6章 促进我国生产性服务业创新升级的政策建议

6.1 生产性服务业创新升级的需求侧改革建议 / 160

6.2 生产性服务业创新升级的供给侧结构性改革建议 / 163

6.3 促进生产性服务业的FDI与OFDI发展 / 171

6.4 培育我国生产性服务业的创新机制 / 173

参考文献 / 177

第1章

绪 论

改革开放40年,我国服务业快速发展,新产业、新业态、新商业模式不断涌现,服务产品从供给稀缺走向相对丰富,实现了跨越式发展。党的十八大以来,在以习近平同志为核心的党中央坚强领导下,各地区各部门坚定贯彻新发展理念,以供给侧结构性改革为主线,全面深化改革开放,服务业规模持续扩大,实力不断增强,转型升级加快,新兴服务业蓬勃兴起,幸福产业加快孕育,我国开始迈入以服务经济为主导的新时代。

十九大报告提出,中国特色社会主义进入新时代,我国社会主要矛盾已经转化为人民日益增长的美好生活需要和不平衡不充分的发展之间的矛盾。不平衡不充分的问题,在产业结构上表现为服务业,尤其是生产性服务业发展相对于制造业的不平衡不充分。要扩大服务业对外开放,推动形成全面开放新格局。"经济服务化"是工业化中后期经济转型发展的大趋势和一般规律。服务业升级发展实践急需相关理论指导。

——生产性服务业的专业化发展

从某种程度上说,世界经济一体化是资本流通、技术优化、大众传播共同作用的结果。学者麦克卢汉曾经预言,世界正逐渐变成一个地球村。诚然,生产要素的融合构建了一个整体的世界市场,它不再是传统的以地中海为中心,或以大西洋为中心的商贸结构,而是一个整体的环球。学者托马斯·弗里德曼曾罗列出"十大动力"来阐述全球经济一体化的原因,其中,服务离岸外包与生产性服务项目海外投资分别为"十大动力"中的第五与第六大动力。以印度最大的外包服务产业"24/7呼叫中心"为例,该行业共有4000余名工作人员每天为世界范围内所有跨国公司不间断产出包括服务销售、计算机维修、物流查询、账单支付在内的专业化客户服务。据调查,美国大约有25%的IT(信息技术)行业项目会在两年之内完成转移。业务涉及财经服务、通信技术、招商采购以及人力流通等类别,即将完成转移的工作岗位预计突破35万个,IT产业占比达到50%。[①] 1994年,北方电讯公司和北京邮电大学合资建设北邮－北电研发中心,开跨国企业在华设立研发部门之先河。到2018年年底,海外资本在华投资的研发机构达950家。[②]

——世界经济发展的不平衡

18世纪到19世纪,得益于工业革命、科学技术革命、产业结构优化以及对外贸易的深化,一些发达国家,特别是德国、美国、日本、英国借助其工业化优势在世界产业分工当中占据有利位置。20世纪80年代之后,第三次科技革命在全球如火如荼,生产技术实现飞跃式发展,越来越多的技术导向型企业与知识密集型生产性服务行业如雨后春笋般相继崛起,西方世界产业格局日渐专业化与服务化。就目前来看,相较于众多第三世界发展中国家产业的上升,西方发达国家产业因结构优化以及生产技术迅猛发展,而在全球产业分工中占据着巨大的优势地位。其在世界经济价值链当中也属于附加值高的环节,众多生产性服务行业、高端制造业以及技术导向型产业都在这些国家聚集;相比之下,众多第三世界国家则位于价值链的中低环节,其产业大多以劳动力导向型以及低端加工制造业为主。总的来说,在经济价值链当中出现两种分层,具体表现为:(1)发达国家与发展中国家之间因生产分工造成的经济差距;(2)高新技术产业以及生产性服务行业同低端加工制造业之间的差距。

其中,生产性服务行业发达国家与第三世界国家发展不平衡是导致价

---

① 邹卉,汪本强,江可申.高技术产业和生产性服务业互动关系的实证研究——以安徽省为例[J].企业经济,2015(11):130-134.

② 张如庆,张登峰.生产性服务业垂直专业化的测度及影响因素研究——基于WIOD跨国面板数据的实证分析[J].现代经济探讨,2019(4):88-95.

值链两极分化、国际分工在利润上存在巨大鸿沟的主要原因。作为国民经济的主要部分,发达国家将集中企业战略优势,在政策上大力支持生产性服务行业的发展,并在整个世界经济体系中垂直化布局。发达国家在高新技术领域以及服务领域的充分发展进一步巩固了它们在全球经济当中的核心地位。所以,生产性服务行业不但能够加快生产的全球化和经济的一体化进程,又是衡量国家竞争层次、决定新一轮国际分工的核心因素。发达国家在进行产业转移时,跨国公司将制造业进行转移往往需要理财保险、技术研发、仓储物流、金融服务、移动通信等生产性服务产业的配合,在合作过程中生产性服务行业的境外投资也被直接拉动。纵观近两个世纪全球经济的变化,随着世界生产分工趋势进一步加深、生产技术以及信息技术持续进步,生产性服务业的市场需求正在逐渐增加。同时,相关产业聚合形成了一定的集成优势,随着跨国性企业的扩张,越来越多的生产性服务业务通过外包方式实现产业转移。

发展中国家要想在国际分工中抓住机遇、占据一定优势,就必须加快基础设施建设,优化本地产业结构,落实相关法律规定,制定相关优惠政策,并利用劳动力、原材料等相对优势,形成良好的区位条件。如何积极参与国际分工、如何在新一轮分工中抓住机会并占据有利位置,成为发展中国家承接服务外包、促进本国经济发展的题中之义。

1.1 研究背景

本研究基于下列四个背景:

1.1.1 中国经济步入"服务经济"时代

从世界范围来讲,经过早期农耕时代的过渡以及中期工业化的推动,目前现代社会正逐步转入服务经济阶段。虽然现在仍然有一些国家停留在传统农业经济阶段,部分国家的工业化发展程度也相对落后,但这些落后国家的发展进程无法阻碍整个社会向前发展的脚步,全球经济注定向服务时代发展。而这些落后国家在参与国际分工之后,经过发达国家或服务产业发达的国家带动,将摆脱农业与工业化的束缚,向服务经济转变。整个世界经济的积累也将更加依靠服务业的创收,而不再是传统的工业生产,社会财富的主要聚集者将变成具有一定实力的服务企业资本家。

研究领域用两个指标来衡量社会是否完全进入服务经济阶段:第一个是服务业的劳动力占比,其比重至少要达到一半;第二个是服务业对 GDP 的贡献,其应占 GDP 总额的 1/2。欧美发达国家服务业发展水平均已完成以上指标。西方国家劳动人口有超过六成任职于服务行业。根据 2016 年的统计数据,美国服务行业劳动人口占比 78.2%,英国服务行业劳动人口占比 75.4%,意大利服务行业劳动人口占比 62.5%,加拿大服务行业劳动人口占比 74.4%,法国服务行业劳动人口占比 76.1%,澳大利亚服务行业劳动人口占比 74.1%,德国服务行业劳动人口占比 64.7%,日本服务业劳动人口占比 63.9%。① 很明显,根据劳动力就业分化指标来判断,以上国家均已迈向服务经济发展阶段。再按 GDP 贡献值来判断,欧美发达国家服务业所创造的总额在 GDP 结构中的占比已从 1970 年的 51% 提高到 2016 年的 73%。特别是美国,其服务业对 GDP 的贡献达到 78.5%。统筹研究上述两个指标不难说明,服务行业劳动力已经取代传统农业劳动者并成为国家财富的主要提供者。根据多年数据可看出,英国进入服务经济阶段的时间最早,其服务业对国家财政收入的贡献早在 1907 年就已经过半,达到 58.0%;同时,服务行业就业人口数量在 1971 年也成功过半,达到 59.2%②。

2018 年,中国服务业占 GDP 的比重已经达到了 52.2%,成为名副其实的第一大行业部门和经济增长主要的驱动力。服务业成为我国国民经济第一大产业,成为国民经济发展的"稳定器"和"助推器",在经济"稳中有进、稳中向好"中发挥了重要作用。数据充分说明我国经济已经步入"服务

---

① 于斌斌.生产性服务业集聚如何促进产业结构升级?——基于集聚外部性与城市规模约束的实证分析[J].经济社会体制比较,2019(2):30-43.
② 王绍媛,张涵媚,罗婷.生产性服务业投入对中国服务业全球价值链长度的影响[J].宏观经济研究,2019(3):80-96.

经济"时代,即第三产业在整个经济活动中首屈一指的现象,这也被不少经济学界的人称为"经济服务化"现象。

(1)服务经济社会是经济强国的重要标志

从经济发展的角度来看,发达国家率先完成工业经济向服务型经济的转变是历史规律。发达国家要想维护各自在全球经济中的优势地位,就必须借助更加科学且更具竞争力的经济发展结构和模式,而服务经济正好能够满足发达国家的愿望。发达国家自身快速推进服务经济的进程,同时进一步将其推向世界,以便谋求在世界经济中的主导地位,取得巨大的利润、发展权利以及国际话语权。具体体现为:

第一,不断创新产品,维持高质量产出。相较于简单的货物贸易,服务贸易更加复杂,它不但具有货物贸易的特点,还具备整体性、直接性、过程性以及不可运输性。服务型产品的产出效率更高、质量更好、创新程度更高,离不开其在整个经济体系中所有流程的监管。

第二,经济发展在水平领域自我调节能力更强。行业的大融合、生产的全球性交流以及服务的国际流通会导致服务业竞争状态加剧。造成的结果可以从两个方面来讲:一方面,能够让所有产业以及公司的生产结构一直保持在相对恰当的局面;另一方面,能够让第一产业、第二产业和第三产业一起走向市场并且相互协调发展。从整体经济结构来看,服务业将成为主导性行业。

第三,发达国家经济地位的提升离不开服务型经济的全球化。随着世界经济越来越成为一个整体,各国商贸日益密切,发达国家在本国发展服务型经济必然要开拓广阔的海外销售市场,或者直接把附加值较低的服务企业生产工序转移至海外市场。这样一来,发达国家产业在转移同时也将服务业先进的组织和生产方式推向了全世界。从国家经济发展与企业扩张的角度来看,在世界范围内推进对服务贸易的结构布局,将有利于取得对世界经济的主导权,利用经济全球化背景来创造收益,为国家经济的发展打下夯实基础。得益于社会逐渐步入服务型经济阶段,社会资源利用更加合理,生产成本逐步减少,生产效率稳步提高,经济结构趋向合理,产品创新程度越来越高,显然,目前世界经济正进入合理竞争发展的新时代。日益激烈的竞争使得发达国家提高生产效率,提高产出质量,因此也更加能够带动科技的突破和国家的发展。

(2)目前城市竞争的核心转向生产性服务业

按照所提供的类型划分,服务业产出的服务主要有两种:一是针对目标客户进行服务的直接销售,例如房地产销售、商品销售、饮食服务等;二是针对整个生产环节而言的服务,例如财经市场、信息咨询、金融保险、仓储物流等。第一种类型的服务能够给城市带来生机与活力,创造繁荣的销售市场,但对于城市竞争力的提升而言,第二种类型服务才是重中之重。

著名经济研究者 David Doloreux,Richard Shearmur 曾经提到,边际效应逐渐变弱,资本的有机构成持续上升,资本的沉淀与聚集大致要经过三个阶段:第一个阶段是资本在实体商品生产上的沉淀,第二个阶段是资本在城市用地与建筑环境上的沉淀,第三个阶段是资本在转向知识产出与人工投资上的沉淀。① 其中,生产性服务业和后两个阶段关系密切。对于生产性服务业稀缺的城市来说,其发展到最后将出现人力与资本的双重盈余,因此对投资方没有很大的吸引力。目前全球经济的竞争,最明显的体现就是城市间的相互竞争,具体体现为人才流动、物流、资金流、信息流等方面,展现出空前激烈的竞争态势。掌握了生产性服务业发展的优势地位,就等于掌握了物质流、信息流、科技流、资金流以及经济主导权;反之,则很有可能在服务业发展的浪潮中落后于人、受制于人。因此,以财经、仓储物流、数据信息为主的生产性服务业逐渐变成目前城市和区域竞争的重要突破口,成为城市产业发展的风向标。掌握了它,就等于把握了经济发展的先机,并有望成为未来全球经济发展的主导方。

1.1.2 国际服务业转移新趋势

从整个经济发展状况来看,世界经济一体化使得服务业取代传统制造

---

① DAVID DOLOREUX,RICHARD SHEARMUR. Exploring and comparing innovation patterns across different knowledge intensive business services[J]. Economics of Innovation & New Technology,2010,19(7):605-625.

业在全球经济中占据主体地位,信息科学的进步以及商贸区隔的持续突破导致服务业融入经济全球化的程度越来越高。特别是20世纪90年代之后,以信息技术为核心的第四次技术革命在世界范围推进,移动通信成本大大较低,通信快捷程度大大上升,利用现代通信可以传送海量的信息,并进一步打破时空限制,这切实提高了商贸资源在世界范围内合理有效配置的程度,加快了经济全球化进程,也使得制造业的全球化升级成为服务贸易的全球化。

(1) 全球对外投资转向以服务业为主

显然,跨国公司对服务业的直接投资是有考量的。全球经济发展最突出的标志就是劳动力的行业转移,一般而言,经济落后阶段劳动力大多从事农业,而后转向制造业,最后再从制造业大规模转移至服务贸易行业。随着经济发展进程的推进,服务业必然取代第一产业和第二产业成为经济发展的重心,同时还是吸引投资的主体行业。从目前大部分发达国家实际来看,其本国服务业对GDP的贡献值和劳动人口在服务业中的就业占比均超过半数,且还在逐年增加。从宏观上看,发达国家在经济全球化中占有极大的优势,这些国家的经济结构势必会影响世界其他国家的经济结构和产业模式,而目前服务业在发达国家产业中处于主导地位。因此,整个世界经济体系和产业结构也势必会向服务行业倾斜。

另外,从跨国公司对海外产业的投资情况来看,发达国家主导的世界经济结构演化也具备一定的发展规律。一般来说,在发展的初始时期,企业对外直接投资大多聚集在成本较高、附加值较低的资源型产业上,后续经济的进步以及全球行业结构的优化、企业综合竞争力的提高、公司运营监管水平的上升、对国际市场的透析等,都会导致世界范围内的直接投资从低端产业转移至高端产业。按照相关研究,在世界分工比较发达的制造业当中,商品于产出工序中停留的时间不到整个生产流程的5%,而于流通环节所花费的时间却超过95%;同时,产品的增值总额在简单的制造工序中的占比不超过价格的40%,而服务环节所创造的增值总额却超过了60%。① 因此,衡量一个产业竞争力的高低以及结构和模式的先进程度,其指标就变成了成本的节约程度、分销服务的效率高低、金融审计的便捷度、法律服务的成熟度等。服务业在整个经济结构当中的占比逐年上升,世界直接投资从第二产业转向服务行业,是全球经济快速发展的必然要求。

一方面,随着新的一轮服务贸易迅速发展,世界对服务业的关注度逐渐上升,发达国家服务行业在海外的投资和商贸的发展也快速推进。大部分国家对服务业的限制也大大减弱,服务业在世界范围内的持续扩张程度也得到提高,同时服务业在世界经济里的地位也得以提升,并促进了跨国公司的进一步壮大。按照有关统计数据,2015年,跨国公司在服务行业上的直接投资总额占全球总投资额度的74%。不难发现,海外企业已经把服务产业当作投资的重点项目,其在世界FDI(对外直接投资)总额中的占比上升到2/3,在存量中的占比也突破1/3。20世纪80年代之后,企业在世界范围内的跨区域收购行为从传统制造业转移到服务业,并形成一定规模的集中效益。数据显示,2015年,服务业跨国并购出售总额达到7939亿美元,在世界并购总额中的占比也到58%。② 从世界经济发展状况来讲,对外投资中服务行业的占比逐年增加,同时凭借快速的涨幅,服务行业会领先传统制造业及其他弱势产业得到世界FDI更多的支持。这种现象将会在发达国家率先出现,而后再转移至转型时期的国家和大部分发展中国家。

另一方面,服务型海外企业已经于世界国际巨头级公司中占据有利地位,在2016年《财富》评选出的世界500强企业中,服务型企业有381家,占500强企业总量的76.2%。跨境业务对跨国公司的重要性不言而喻,"跨国经营指数"大大增加,尤其以服务型跨国企业增加最为明显,由1995

---

① 余东华,信婧.信息技术扩散、生产性服务业集聚与制造业全要素生产率[J].经济与管理研究,2018,39(12):63-76.

② 张玉华,张涛.科技金融对生产性服务业与制造业协同集聚的影响研究[J].中国软科学,2018(3):47-55.

年的32%上升至2014年的52%,刚好增加20个百分点,与本国业务相比,海外业务的重要性将更加凸显,但在这一阶段传统制造业的对应参考数据只上升了约5%,如表1.1所示。近年来,服务型跨国企业在全球经济中的地位突显。据数据统计,在2016年的世界百强企业中,服务型企业就占了20家,而1997年服务型企业只有1家。

表1.1 100家最大跨国公司的跨国经营指数

部门	公司数量			国外资产/ 总资产			国外销售 额/总销售额			国外雇员人 数/总人数			跨国经营指数		
	1995 年	2012 年	2017 年	1995 年	2012 年	1995 年	2012 年	1995 年	2012 年	1995 年	2012 年	2017 年
服务业	12	31	38	42.4	57.6	45.7	52.7	39.9	52.6	43.1	54.3	61.8
制造业	68	56	52	47.8	54.5	59.7	62.9	53.9	56.5	54.3	57.7	58.9
初级 产业	15	10	11	49.6	64.6	55.7	60.4	44.9	60	49.5	61.7	60.5
多样化	5	3	5	34.7	49	38.4	50.3	47.3	55.9	40.2	51.7	56.8

注:2017年数据根据《2018年世界投资报告》中的数据计算,其他年份数据引自《2018年世界投资报告》。

(2)服务贸易及自由化不断向前推进

目前仍有大部分国家在放宽服务业投资限制方面处于谨慎状态,这些国家在推进服务业投资等方面仍然存在较多制约条件。在全球多边服务贸易世界管理与监管体系建立,以及全球自由贸易法律体系持续健全的背景之下,越来越多的国家开始意识到服务贸易在经济结构当中的重要性,服务贸易越来越往自由化方向发展,之前对服务业设置的壁垒也得到很大程度的突破。可以预见的是,服务贸易未来发展的空间将更大。2017年,全球服务行业商贸增加值涨幅远高于2016年,同时也远远高出货物贸易增加值的涨幅。2017年国际服务贸易总产值整体提高18%,而2016年只有11%,出口总值高至3.26万亿美元。[①] 立足服务行业整体的贸易情况来看,包括移动通信、金融服务、健康保险、电子化服务、建筑地产、文体娱乐、专利使用与特许、信息查询等在内的商业服

---

① 孙铁柱,郭帅.生产性服务业FDI对制造业效率的影响——基于生产成本与创新能力的实证研究[J].企业经济,2019(5):85-91.

务是最核心的业务。

就近几年来看,全球经济与服务领域的扩展呈现出以下几个缺陷:第一,各国经济发展失衡,大部分发展中国家在服务领域举步维艰;第二,就竞争水平与服务贸易质量而言,服务贸易在全球范围内也体现出极端的不平衡;第三,世界服务贸易经济的发展在发达国家与发展中国家间显得特别不对称。因此,大约85%的国际服务贸易都在欧美发达国家以及其他区域开放经济体汇聚。"十三五"以来,我国服务贸易平均增速高于全球,2018年服务贸易进出口额达到了5.24万亿,同比增长了11.5%,已经连续5年位居世界第二。

在世界服务商贸总额当中,生产性服务业是增值最多也是最快的一项。其中商务往来、移动通信、信息咨询服务涨幅最大。目前,跨国性企业越来越往服务性质靠拢,这主要体现为服务型跨国企业的经济实力和市场份额逐年提高,同时以制造业为主的跨国企业逐渐发展成服务性跨国企业。

1.1.3 信息技术对服务贸易的推动

(1)"服务可贸易性"的含义及衡量标准

"服务可贸易性"的意思是服务可作为产品在全球交易市场当中自由流通,换句话说,也就是服务贸易在全球经贸体系当中的执行程度以及发展的空间。按照目前发展的态势,对于服务可贸易性这一特征的解读,主要有两种:一是把它当成与以往全球贸易大体相同的经济行为,它立足以往普遍存在的商贸行为而成,对于服务的可贸易性仅仅停留在跨区域经济往来之上,服务项目具体涉及仓储物流以及技术导向型服务产业,例如数据库服务、IT服务、移动通信服务之类;另一种相对宏观,除以上提到的内容以外,还涉及"跨区域消费""商业存在""自然人移动"等商贸模式,以上模式主要针对除技术导向型服务企业以外的其他服务项目。上文已经提到过,服务项目具有高度异质性、无形性以及不可储存性,结合服务项目与实体商品在特征上的显著区别,笔者认为要采用相对宏观的定义来理解服务可贸易性,这样一来,服务可贸易性的定义和GATS《服务贸易总协定》对"服务贸易"做出的定义也更加一致。

服务可贸易性属于服务项目的特殊属性,服务类别的差异会出现完全不同的可贸易性,在贸易形式上也会体现出诸多不同。例如,旅游酒店类别的服务就具备高度的可贸易性,贸易形式则更多体现为境外消费,除此之外,移动通信类别的服务可贸易性也很大,这跟"跨境提供"贸易模式互相对应;但其他专业类别层面的服务可贸易性就没有那么强,例如法律咨询、审计等,这些一般以"商业存在"的贸易模式进行。

(2)影响服务可贸易性的主要因素

不难发现,产品在国际范围内的可贸易性的制约因素主要包括以下方面:一是企业自身生产成本,二是仓储物流成本、跨境关税成本等。但相较于实体产品的全球贸易,服务贸易在特点上有更多复杂性。例如,有一些服务类别在海外的发展会影响到东道国政治环境的安定以及国家安全,那么这些项目在国际范围内的发展和扩展必然会受到制约,主要制约条件包括生产技术限制、政府对外资的准入门槛等。

从图1.1能够发现,服务可贸易性主要受四个方面因素的制约:服务行业本身的特性、技术条件因素、国家整体经济条件、国家政策条件。具体分析来看,四个方面之下又包含众多细节因素。可以看出,下列几个方面相互制约但又具备较强的互补性,四者都不可或缺,共同影响服务可贸易性。

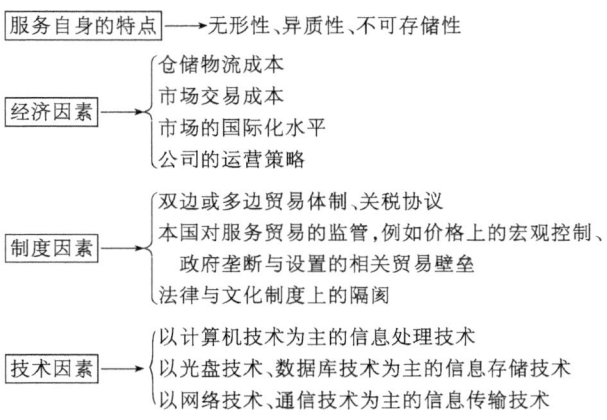

图1.1　服务可贸易性的主要影响因素

第一,服务行业本身所具备的属性。从服务业发展脉络来分析,服务贸易在全球范围的推广与扩张必然会受到服务行业自身特点制约。这些特点也是影响服务可贸易性的重要条件,同时还是导致服务贸易在全球商贸总值中的占比一直维持在低水平的主要因素。相较于一般的实体商品,服务产品自身有着完全异质的属性。首先,服务产品是无形的,无法直接被消费者所感知。其次,服务产品还体现出高度的异质性,也就是说相同的服务产品给消费者所带来的质量具有较大区别。最后,服务产品不可及时存储,这就意味着服务产品一旦产出,从时间与空间两个维度来看,都无法做到与实体产品一样录入仓储。服务产品具备的前两个特征决定了服务产品在产出与终端的销售环节无法保证质量,同时在服务产品的交易环节还要服务提供者与服务购买者进行实体接触与交流;另一方面,受制于服务产品无法存储的属性,服务的提供和购买必然同时同地进行。由于服务产品交易行为的实现,所以服务的产出和购买在交易时空两个维度上有了更多的要求。因此,相较于实体产品的可贸易性而言,服务类产品的可贸易性就会显得非常小。

第二,经济因素。经济因素主要包含贸易成本(trade costs),具体来看涉及物流成本(transportation costs)与市场交易成本(transaction costs)。出于对以上成本的考量,服务贸易的经济可行性也会受到影响。将以上成本进行拆分,物流成本主要包括服务产品自服务提供者向最终购买者转移环节当中所出现的运费和邮费;市场交易成本主要是签订交易合同以及执行合同环节所造成的开销,还有除物流成本之外的所有非生产环节造成的成本,例如通信成本、合同订立成本、投资成本、保险成本、关税和所有非关税壁垒成本等。不难发现,商贸成本与服务贸易可行性成反比例关系,一方成本降低,另一方可行性就会提高;反之,一方成本提高,相应的贸易可行性也会降低。有一点需要特别指出,在商贸过程当中,物流成本对于传统实体商品可贸易性的影响非常重要,但对于服务贸易而言,物流成本相对不那么重要,但市场交易成本则是影响可贸易性的关键。以移动通信服务行业为例,单位服务信息传输的成本,即物流成本基本上可以不用考量,而相应的市场交易成本却会显得非常高。

第三,制度因素。相较于传统的实体产品贸易,服务类别的贸易活动更容易受到国家政策、贸易制度的制约。具体来看,国家对服务贸易设置壁垒,制定准入门槛的原因不外乎以下几点。一方面,交通运输、移动通信、银行金融、水利电力等行业是国民经济的命脉,这些行业都属于高附加值、高盈利的服务行业。任何一个国家都不希望本国的这些服务行业被外资垄断,否则将会影响到本国经济的独立性以及对市场的控制效度,甚至出现阿里、罗杰斯、弗兰克等学者提出的"依附经济",即国家越卷入全球化浪潮反而越落后,国家经济受制于发达国家;另一方面则主要涉及政治问题以及本土文化问题。① 教育、新闻、影视行业以及一些音像制品行业,尽管不属于一个国家最重要的经济行业,但这些类别属于上层建筑层面,即意识形态方面。随着国家民族意识的觉醒,世界上所有主权国家都不愿意本国的政治受别国干涉,或本土文化受外来文化的入侵,从而影响对青年人意识形态的塑造。所以以上行业也属于国家重点保护和控制的部分。国家对于服务贸易的限制,主要手段有设置壁垒、提高准入门槛以及制定更多的非关税壁垒。按照有关统计数据,目前仅在服务贸易方面设定的壁垒就有2000多项。

第四,技术因素。普遍的观点认为,服务产品的无法存储性导致服务贸易行为很难实现,要想完成服务贸易,就必须使用跨区域支付、海外消费、商业存在以及自然人流动四种方式。但随着科技革命以及信息技术的蓬勃发展,信息密集型企业的服务产品基本可实现贸易化。利用信息技术能够对知识进行编码,以及标准化和数字化处理。所以相应的服务产品也能够被分裂或分解成很小的部分。任何信息都能够利用数字化技术进行储存,同时得益于信息技术的便捷与快速,不论服务提供者与购买者处于地球上何处,只要双方具备一定的基础设备,都可以在短时间内完成即时的数字信息传送与音像沟通。信息技术的发展导致服务产品提供与购买环节的分离,这种消费方式既可以即时实现也可以延时完成,前者以呼叫服务中心最为明显,后者以软件开发、IT设计为代表。所以,信息技术的发展使得大部分服务类别产品既能够进行传送也能够及时储存。同时,网络媒体的兴盛也打破了原有的沟通模式,面对面的接触不再是必要的条件,如果需要购买服务,在网络媒介上就能实现。

信息技术的发展对服务贸易的促进作用主要体现在两个方面:一方面是突破了时空的限制,以往只能在企业内部产出的服务目前能够在外部实现,服务

---

① 王聪.长三角生产性服务业的时空演变及其特征[J].南京社会科学,2017(7):49-56.

生产方和购买方之间的交互能够在远距离实现,不需要面对面进行;另一方面,可分解的服务产品类别逐渐增多。所以,不管是低阶数值还是高阶数值,其出口的服务类别都在逐年扩张。以上服务产品类别市场容纳率极高,不论消费者是何种人群、从事何种行业,都有机会对其进行消费,除个人外,非政府组织与各类机构也都是潜在消费者。

在服务贸易可行性方面,涉及的因素往往不止单方面,除上述几个方面以外,服务贸易可行性影响因素还包括市场的全球化水准、资本的跨国运营策略等。具体研究能够发现,信息技术的发展对服务贸易的可行性影响还和一个国家的经济状况以及政策制度有着密切的联系。例如,信息技术的进步使得服务产品市场交易环节的物流成本等大大减少,服务产品销售市场的全球化水平明显提高,对于服务型跨国公司的国际扩张起到很大的推进作用,直接提高了服务产品在市场上进行交易的可行性,进而服务的可贸易性得到提升;另外,随着科学技术的持续进步,全球国家在政治、经济、文化等方面都受到了很大影响,以往全球产业分工结构出现转变,在世界经济一体化背景下所有国家在国际贸易中遭受到的竞争压力与创新动力空前,纷纷自主加入世界经济一体化进程当中,进一步导致服务贸易的可行性提高,服务贸易双边与多边协议、各国服务贸易规则等相关商贸制度和商贸环境得以优化。

1.1.4 全球生产网络与全球价值链

全球生产网络和全球价值链已经成为世界经济的一个显著特征。全球生产网络的发展和全球价值链的延伸给世界经济带来了革命性的变化。全球生产分工在第二次世界大战后进一步分化,企业内部贸易以及产品在中端环节的贸易额在全球贸易总额中占比逐年增加,并且在20世纪90年代以后这种态势更加显著。从美国跨国企业来看,利用总部进行的企业内部出口在美国出口总产值中的占比在1990年仅有27%,到了1998年,这一数据提高至31%。上升最明显的是零部件贸易,其于发达国家机械出口总量中的占比在1978年只有26%,到1995年上升了4个百分点。[①]

---

① 于斌斌.生产性服务业集聚与能源效率提升[J].统计研究,2018,35(4):30-40.

对生产性服务业而言,其与全球产业外包以及全球生产分工的关系属于相互促进。世界范围内生产的进一步分工让生产性服务业以后的优化更专业、更细致,进而提高了生产性服务贸易的行业竞争力;生产性服务业全球转移的持续推进另一方面还导致生产分工朝更深层次的路径开拓。立足目前世界生产分工格局,产品在生产流程中将变得更加细化、更加专业,产品提供链将会在国际范围内分散。因此,必须在世界生产分工结构上提出更高的要求和目标,以便实现服务产品交易的及时性,将生产成本控制在一个较低的水准,同时还要保证服务产品质量不受影响,从而在世界生产分工中取得更多的利润。随着生产性服务发展速度的提升,制造业的生产效率也会得到相应的提高,生产成本则会进一步减少。对制造业的扩张而言,科学技术的进步以及世界经济一体化进程加快,将会最大限度地减少相应的生产成本和在世界生产分工服务体系建设中的市场交易成本,同时对服务业自身专业化程度的提高也会大有裨益。目前,生产性服务业已经发展成相对独立的部门,出口的服务产品有着很大的市场竞争力。

得益于世界产业区域性转移的迅速发展,服务业跨国企业在海外的投资进入发展的春天,以服务项目离岸外包以及技术导向型产业、高阶附加值行业、创新制造业和产品的研发设计工序承接为主要特征的新一轮世界产业结构优化正逐步发展。在欧美发达国家以及日本、韩国等经济体当中,区域性跨国企业已在服务产业离岸外包方面领先于大部分国家,这些国家的跨国性企业生产技术特别先进,之所以还要把诸如人工管理、法律审计等不属于核心环节的服务发包至第三方东道国,是为了降低生产过程中出现的成本。近年来大部分发展中国家国内工业迅速发展,皆出于对生产性服务业的特殊需求以及更好地进行产品生产与制造。因此,特意把专业化的服务类别进行分离。但目前大部分发展中国家的服务性产业的发展基础稍微落后,产出的服务产品质量较低,并不能适应经济快速发展的硬性要求。所以这些国家不但要大量进口海外服务,还要大量承接发达国家以及实力强大的经济体外包出来的服务项目,以便提高本国的服务产品发展水平。世界产业分工的进一步发展带来了两个层面的效果:第一个层面,总体而言,服务行业的范围得到扩张;第二个层面,它又使得全球服务行业体系建设更加合理、更加完备。

立足整个市场环境,服务产业转移的主要推行者与践行者是区域性跨国企业,这些公司同时还是发包与接包的主体。消费者对服务的需求千变万化,以更快的速度生产出质量更好、性价比更高的产品是企业一直都需要解决的问题,谋求更低的生产成本、产出更好的服务产品与服务性能是海外资本寻求离岸外包的主要原因。随着世界市场竞争程度的加深,服务型企业要想增加盈利空间,进一步扩展市场,应尽量寻求产业转移,优化产业结构。

1.2 中国服务业实现跨越式发展

党的十一届三中全会后,党和国家以改善人民群众生活为突破口,采取各项积极有力措施,加快服务业发展,逐步取消和降低了部分服务业市场准入门槛,探索并推进金融、电信、交通、房地产等行业市场化改革,不断放开服务业各领域价格管制,服务供给得到有效改善,生产效率大幅提升。党的十八大以来,我国大力推进服务领域改革,服务业迸发出前所未有的生机和活力,新技术、新产业、新业态、新商业模式层出不穷,服务业成为国民经济的第一大产业和经济发展的主动力,成为保障就业、财税、新增市场主体稳定增长的重要力量和基石。

1.2.1 服务业成为第一大产业和经济增长的主要动力

1978—2017年,我国服务业增加值从905亿元增长到427032亿元,年均实际增长10.5%,比GDP年均实际增速高1.0个百分点;服务业占GDP的比重从24.6%上升至51.6%;服务业对国民经济增长的贡献率从28.4%上升至58.8%,成为国民经济第一大产业和经济增长的主动力。从发展过程看,服务业经历了几个不同的发展时期:一是1978—1991年,改革处于起步期,经济增长波动性较大,服务业虽然占比不高,但增长速度相对较快,年均增长11.1%,高出第二产业1.2个百分点;二是在小平同志南方讲话后,我国确立了社会主义市场经济体制改革方向,1992—2000年,服务业年均增长10.4%,与第二产业相比,增速虽然低了3.1个百分点,但增长更加平稳;三是我国加入世界贸易组织后,逐步放开了大部分服务业外资准入限制,服务业快速成长,2001—2012年,服务业年均增长10.8%,略快于上一时期服务业年均增速;四是党的十八大以来,伴随着我国经济结构转型升级的加快,服务业成为经济增长的新亮点,2013—2017年,服务业年均增长8.0%,高出第二产业1.2个百分点,在国民经济中的比重快速上升,于2015年突破50%,引领中国经济稳步迈入高质量发展新阶段。

改革开放以来,服务业各领域对个体经济、民营经济、外资经济的准入不断放开,市场主体数量稳步增长。2016年,服务业法人单位1297万个,是1996年的4.7倍,增加了1023万个。党的十八大以来,国家出台的一系列优化营商环境的改革举措进一步激活了服务业发展潜力。2013—2016年,服务业法人单位年均增长15.8%,远高于1996—2012年6.3%的年均增速。其中,信息传输、软件和信息技术服务业,租赁和商务服务业,科学研究和技术服务业等现代服务业法人单位数量年均增长都在20%以上。当前,服务业企业占新登记注册企业的80%左右,成为新增市场主体的主力军。

1.2.2 中国服务业在全球服务业市场中地位增强

改革开放40年,我国对外开放的步伐日益加快,经济全球化为服务业的成长壮大提供了广阔舞台。服务业从承接国际服务外包、学习和引进国外先进管理经验和先进技术,到依托自身实力改革创新、实现"走出去"战略,实力稳步增强,国际地位和竞争力日益提高。

(1)基础设施不断完善,交通运输邮政能力全球领先

改革开放40年,我国交通运输业发生了天翻地覆的变化,交通基础设施大幅度改善,服务能力不断提升。1978—2017年,铁路营业里程从5.2万公里增长到12.7万公里,其中,高铁营业里程达2.5万公里,占世界铁路总里程数的2/3,覆盖了全国65%以上的百万人口城市;公路里程从89万公里增长到477万公里,其中,高速公路里程达13.6万公里,居世界第一,覆盖了97%的20万人口城市及地级行政中心;全国港口生产用码头泊位数从735个增加到27578个,其中,万吨级及以上泊位达2366个,排名世界第一;定期航班通航机场从70个增长到228个,服务覆盖全国88.5%的地市、76.5%的县;邮政业务总量从

14.9亿元增长到9764亿元,邮政业市场规模超过全球份额的1/5。党的十八大以来,多式联运、甩挂运输、冷链物流、江海直达运输等加快发展,智慧交通、绿色出行、高效物流快速兴起,高速公路、城市轨道交通及港口建设在"一带一路"倡议下,开始走出国门,迈向世界。

(2)移动通信技术迅猛发展,电信业实现从跟跑到并跑、领跑的历史性跨越

改革开放以来,电信业实现了由弱到强的跨时代发展,电信业务总量从1978年的19.2亿元增长到2017年的27557亿元。经过40年建设,我国电话网络规模、光纤传输网络规模均列全球第一,超过95%的行政村已开通互联网宽带业务,一个全方位、多层次、多方式的网络体系基本形成。伴随着移动通信技术的迅猛发展,我国从2G跟随、3G突破、4G同步,到5G引领,实现了从跟跑到并跑、领跑的历史性跨越。2017年,全国移动电话用户14.2亿户,移动宽带用户(即3G和4G用户)和手机上网人数分别为11.3亿户和7.5亿人,分别是2012年的4.9倍和1.8倍。移动互联网接入流量246亿GB,是2012年的28.6倍。我国已进入移动互联时代,并正从网络大国迈向网络强国。

(3)创新战略深入实施,科技创新能力大幅度提升

改革开放40年,我国科技发展日新月异。1992—2017年,全社会研发投入年均增长20.3%,国家创新能力世界排名上升到第17位。党的十八大以来,国家实施创新驱动发展战略,"大众创业、万众创新"蔚然成风。2017年,全社会研发投入17606亿元,规模跃居世界第二;研发支出占GDP的比重上升到2.13%,超过欧盟15国平均水平;国际科技论文总量及被引用量均列世界第二。超级计算机、北斗导航、"蛟龙号"、"墨子"、"悟空"、"天眼"等一批世界领先水平的科技成果先后问世。2012—2017年,我国技术市场成交额从6437亿元上升到13424亿元,年均增长15.8%。2017年,我国发明专利申请数和授权数分别为138万件和42万件,较2012年增长了111.7%和93.5%,成为《专利合作条约》框架下国际专利申请的第二大来源国。

(4)金融业发展规模明显壮大,金融业国际地位日益提高

改革开放以来,我国银行、证券、保险等金融体系日益健全,金融业繁荣稳

定发展。1979—2017 年,金融业增加值年均实际增长 12.2%,高出服务业年均实际增速 1.7 个百分点,占 GDP 的比重从 1978 年的 2.1% 提高到 2017 年的 7.9%。党的十八大以来,党中央、国务院着力深化金融体制改革,不断增强金融服务实体经济能力,金融机构本外币各项贷款余额从 2012 年的 67.3 万亿元增长到 2017 年的 126 万亿元,增长 86.7%;社会融资规模增量从 15.8 万亿元增长到 19.4 万亿元,增长 23.4%。大力发展多层次资本市场,直接融资特别是股权融资比重大幅提升,非金融企业境内股票社会融资规模在社会融资规模增量中占比从 2012 年的 1.6% 提升至 2017 年的 4.5%。加快发展现代保险服务业,保险市场规模持续扩大,2017 年保险公司保险保费收入 36581 亿元,是 2012 年的 2.4 倍。我国金融的国际地位和国际影响力日益提高。近年来,人民币国际化步伐明显加快,我国倡议成立了亚洲基础设施投资银行;加入了金砖国家新开发银行;人民币加入 SDR(特别提款权),成为与美元、欧元、英镑和日元并列的第五种 SDR 篮子货币,不仅成为贸易结算货币,而且开始成为石油贸易的计价货币之一;上证 A 股被纳入 MSCI(摩根士丹利资本国际指数)。

(5)服务业加快"引进来""走出去"步伐,服务贸易快速增长

改革开放以来,我国实行对外开放的基本国策,中国从经济全球化的旁观者变为经济全球化的参与者、贡献者和受益者,服务贸易快速增长。1982—2017 年,我国服务进出口总额从 47 亿美元增长到 6957 亿美元,年均增长 15.3%,高于同期货物进出口总额年均增速 1.3 个百分点。加入世界贸易组织后,服务贸易迎来黄金发展期,服务出口、进口规模占世界比重从 2001 年的 2.2%、2.6% 上升至 2017 年的 4.3%、9.1%,分别位列世界第五、第二。党的十八大以来,我国秉持开放融通、互利共赢的发展理念,对内积极建设开放型经济新体制,对外倡导构建人类命运共同体,开放的大门越开越大,服务业成为吸引外资和对外投资的主要领域。2016 年,我国实际使用外商直接投资金额和对外直接投资金额分别为 1260 亿美元和 1961 亿美元,服务业占比分别为 66.6% 和 78.5%。

1.2.3 新兴服务业协同创新发展

改革开放 40 年,服务业积极适应时代变化,各行业相互推动,协调有序快速发展。党的十八大以来,一批有助于提升发展质量效益和可持续发展的新兴服务业蓬勃兴起,新动能茁壮成长,服务业加速转型升级,迎来了快速发展的机遇期。下一阶段,各主要国家和地区的数字经济相关战略会陆续深入实施,普遍将运用互联网、大数据、人工智能等新一代信息技术赋能先进制造业作为重要举措,积极推进从生产要素到创新体系,从业态结构到组织形态,从发展理念到商业模式的全方位变革突破,持续催生个性化定制、智能化生产、网络化协同、服务型制造等新模式、新业态,推动形成数字与实体深度交融、物质与信息耦合驱动的新型发展模式,大幅提升全要素生产率。创新主体、机制、流程和模式发生重大变革,不再受到既定的组织边界束缚,资源运作方式和成果转化方式更多地依托互联网展开,跨地域、多元化、高效率的众筹、众包、众创、众智平台不断涌现,凸显出全球开放、高度协同的创新特质,支撑构造以数据增值为核心竞争力的现代服务业生态系统。

(1)实施"互联网+"发展战略,数字经济、共享经济高速发展

当前,信息网络技术加速创新,以数字化的知识和信息作为关键生产要素的数字经济蓬勃发展,新技术、新业态、新模式层出不穷,成为"后国际金融危机"时代全球经济复苏的新引擎。各主要国家纷纷将发展数字经济作为推动实体经济提质增效、重塑核心竞争力的重要举措,并进一步推动数字经济取得的创新成果融合于实体经济各个领域,围绕新一轮科技和产业制高点展开积极竞合。

移动互联网和物联网持续普及部署,智能终端和传感器加速应用渗透,人、机、物逐步交互融合,与经济增长和社会发展相关的各项活动已启动全面数字化进程,呈现出从被动到主动、从碎片到连续、从单一分离到综合协同的三大转变,源源不断地产生着呈现爆炸式增长态势的海量数据,蕴含着巨大的价值和潜力。数据已成为与资本和土地相并列的关键生产要素,被不断地分析、挖掘、加工和运用,价值持续得到提升、叠加和倍增,有效促进全要素生产率优化提升。

十八大以来,"互联网+"战略全面实施,信息产业呈爆发式增长,信息传输、软件和信息技术服务业增加值从 2012 年的 11929 亿元增长到 2017 年的

27452亿元,占GDP比重由2.2%上升到3.3%,2017年实际增速达26%,远高于其他行业。物联网、大数据、云计算、人工智能等现代信息技术迅猛发展,数字经济、共享经济等形成的新动能蓬勃发展,重塑经济增长格局,深刻改变生产生活方式,成为中国创新发展的新标志。2017年,我国数字经济规模达27.2万亿元,同比增长20.3%,占GDP比重为32.9%,比上年提高2.6个百分点;共享经济市场交易额约4.9万亿元,比上年增长47.2%,提供共享经济服务的服务者人数约7000万人,共享经济平台企业员工数约716万人,比上年增加131万人。

(2)电子商务快速发展,移动支付加速普及

十八大以来,互联网赋能传统行业加快转型升级,线上线下互动互补,消费领域创新变革。电子商务、网上购物、移动支付等一批新模式正在引领世界潮流。2017年,我国电子商务交易额29.2万亿元,2014—2017年均增长29.8%;网上零售额7.2万亿元,其中,实物商品网上零售额占社会消费品零售总额比重由2015年的10.8%提高到2017年的15.0%,增加了4.2个百分点。移动支付迅速风靡全国,新时代无现金社会正在逐步形成。2017年,使用手机支付的网民规模达5.27亿人,较2012年增加4.72亿人。2014—2017年,银行业金融机构处理移动支付业务金额年均增长114.2%;非银行支付机构发生的网络支付业务金额年均增长92.6%。

(3)服务分工更趋专业化,商务服务加速成长

十八大以来,"营改增"新一轮税改统一了货物和服务税制,有力促进了制造业、现代服务业的分工细化和融合发展,商务服务业快速成长。2013—2017年,租赁和商务服务业固定资产投资年均增长23.2%,较服务业固定资产投资年均增速高9.5个百分点。2016年和2017年,租赁和商务服务业增加值分别较上年实际增长11.0%和10.9%,高出服务业实际增长速度3.3和2.9个百分点,是近年来增长较快的行业。2013—2017年,规模以上商务服务业企业营业收入年均增长13.3%,营业利润年均增长16.7%,均高于规模以上服务业平均水平。

1.3 基本概念的界定

1.3.1 生产性服务业

一般认为,第二次世界大战之后生产性服务业才开始蓬勃兴起,外国经济研究专家对这一概念有许多不同的定义。学者 Machlup(1993)曾提到生产性服务业应该要归属于知识生产型企业,而学者 Greenfield(1995)立足服务对象则提出:生产性服务主要的目标对象应该是生产者,所有服务产品与劳动面向生产者,而不是终端市场购买方。

经济学家 Browning 和 Singelman(2001)认为生产性服务内涵的社会知识相对密集,主要涉及金融财务、健康保险、工商审计、运营管理等,消费者所购买到的一定是专业化生产的服务产品或功能。学者 Hubbard 与 Nutter(2004)也曾提出生产性服务业从行业划分来看它的范围极广,除消费性服务业之外,它可以涵盖任何服务范畴。学者 Howells 及 Green(2007)提到生产性服务需要给第三方企业供应服务,提供的服务类别主要有金融、健康保险以及相关的商业性服务。对于生产性服务概念的界定,还有一种说法,它经由多位经济学研究学者在不同时期共同论证,具体表述为:生产性服务业无法直接产生效用,消费者也无法直接购买,它仅仅作为生产环节中的一个中间资本投入,用于相关产品或服务的产出。总的来说,生产性服务实际上仅仅是一种中间投入但并不属于终端市场的产品输出。由此可以看出,生产性服务行业只是在经济生产过程中充当一架桥梁的作用。Hirsh 也认为必须在服务供应方和购买方之间架起一座桥,以便实现生产与消费的同步,同时这也是服务行业最突出的特点。

学者 Gruble 和 Walker(2010)对生产性服务业做了更深刻的论断,他们认为服务的生产者基本上将人力与知识资本当成主要投入,所以其服务产品的输出也涉及更多的人力与知识资本的服务。因此生产性服务可以使得服务生产更加专业,知识生产和资本也进一步扩展,一些相关生产要素以及劳动的生产效能也随之上升。

美国商务部从生产性服务的组织架构出发,对其进行了两个类别的划分:

一种属于服务企业母公司和海外生产性企业子公司或分销商相互间进行的市场交易,这种类别占生产性服务业的10%,美方将其命名为"联合生产性服务";一种则由生产性服务行业直接同海外公司,或私企与海外东道国合作,这种类型的生产性服务业在总量中的占比高达90%,美方将其命名为"独立的生产性服务"。①

台湾交通银行曾对服务行业于世界经济转型阶段的发展历程进行了深入的研究,并区分了服务供应方与服务购买方两种不同类型的服务对象。服务供应方所生产的服务是针对生产而言的,它属于生产辅助性的服务,主要为生产者供应辅助性的服务;服务购买方所产生的服务是针对消费人群而言的,它属于顾客促进型的服务,此类服务主要为目标行业改善用户消费体验以及提高产品的效能。

从整个宏观层面来看,目前对生产性服务学术概念的界定还未形成统一的结论。相较于终端市场需求型服务而言,相当数量的经济学家都把生产性服务当作中间需求型服务,这些服务最终并不是直接进入个体或私人家庭单位,而是嵌入企业或某个组织的生产全过程,同时这些服务都含有较高的知识和技术含量。对于生产性服务概念的界定,还有大部分学者基于产品的实际使用价值来分析。因此,不同的组织和行业人士对它的内涵和外延会有多种不同的解释。

一般来说,通信行业、广告传媒行业、建筑工程行业、法律审计部门、信息咨询行业、监管部门、社会安全调查部门、IT行业人士倾向于将生产性服务归结为"商务服务"。但同样有人提出生产性服务的含义更加宏观,除商务服务之外,还应包括金融理财、健康保险、房产建筑等。除上述两大类别以外,仍有学者提出生产性服务还应涵盖服务行业的"长尾",具体为公司或业内组织有目的、有秩序消费的方面,例如仓储物流、移动通信等。

截至目前,不论是学界还是业界都无法对生产性服务业做出统一且有信服力的概念界定,其划分标准也很模糊。因此全球各个经济组织都只能以本国的

---

① 詹浩勇,冯金丽,袁中华.我国城市生产性服务业集聚模式选择——基于制造业内部结构分类的研究[J].宏观经济研究,2017(10):92-107.

统计口径与划分标准来判别,如表1.2所示。

表1.2 生产性服务的分类

提出者	分类结果
美国商务部（BEA）	(1)商业与专业技术服务(如计算机、工程、法律、会计、广告等);(2)教育;(3)金融;(4)保险;(5)电子通信;(6)外国政府
欧洲共同体统计局	(1)计算机服务;(2)专业服务(如会计);(3)销售服务;(4)技术服务;(5)租赁服务;(6)劳动力招聘服务(7)作业服务(如保安、秘书等);(8)其他服务(如会展)
Browning,Singelman	(1)金融;(2)保险;(3)法律及工商服务
Ashton,Sternal,Niles	(1)广告;(2)企业咨询及法律会计;(3)研发;(4)会计审计;(5)工程测量与建筑服务
Drennan	(1)商业服务;(2)法律与专业服务;(3)金融;(4)大众传播
黄俊英	(1)法律会计服务;(2)土木建筑服务;(3)顾问服务;(4)广告;(5)设计与出版
夏铸九	(1)国际贸易;(2)通信;(3)运输服务;(4)金融;(5)证券期货;(6)保险;(7)不动产服务;(8)商品经纪;(9)法律会计;(10)租赁;(11)咨询服务;(12)土木建筑
边泰明	(1)国际贸易;(2)运输;(3)仓储;(4)通信;(5)金融;(6)保险;(7)不动产服务;(8)法律会计;(9)顾问服务;(10)资讯;(11)广告;(12)设计

虽然世界各国对生产性服务的分类标准还不统一,但普遍认为交通运输、现代物流、金融服务、技术研究与开发、信息服务和商务服务等行业构成生产性服务业的主体。国家统计局将生产性服务业分为交通运输、房地产服务、商务服务、金融服务、信息服务和科研等六个行业。《国民经济和社会发展第十一个五年规划纲要》中将生产性服务业分为交通运输、现代物流、金融服务、信息服务和商务服务等。如表1.3所示。

表 1.3　我国生产性服务行业分类

产业大类	细分领域
信息传输、计算机服务和软件业	软件、电信和其他信息传输服务、计算机服务、互联网信息、广播电视、移动增值、数字音视频等
金融业	银行、证券、保险、信托、典当、担保及其他金融活动
商务服务和租赁业	企业管理、会计、法律、咨询、调查、广告、知识产权服务、会展等
科学研究、技术服务和地质勘查业	研究与试验、专业技术服务、科技交流与推广、科技中介服务、地质勘查业
交通运输、仓储和邮政业	货物运输、仓储、邮政

(1) 生产性服务的特性

作为服务型产品，生产性服务自然无法脱离服务产品的普遍性特征，因此也同样有无形性、异质性以及无法储存性，它的提供与购买同样无法摆脱时空限制。只有当服务产品的供应与消费同时进行，才能保证服务产品价值的实现。倘若产品的生产与购买无法同时进行，那么这种服务就会丧失效用，甚至不存在。同时，生产性服务还具备一般性服务产品所不具备的特性，例如它能够作为经济提供职能的一个环节，且能够对经济在特定时期的调节水平进行反映。

第一，与服务产品的一般性特点相比，中间环节投入是生产性服务最大的特性。经济学家 Coffey、Noyelle 和 Staback（2005）等都认为生产性服务属于中间环节投入，这些投入在服务产品制造环节或商贸环节中充当着中间需求的功能，以便最大程度提升服务的生产效能。企业需要将生产性服务嵌入服务产品的生产环节或者为新的服务产品生产提供效能。在服务产品的实际消费过程中，其真实产出会逐渐增多，所供应的服务有可能出现裂变增长。所以生产性服务的流通仅提供生产的辅助性职能，却并不属于终端市场消费一种最终消费。本质上，它属于生产的中间环节，目的是提高产品的高阶价值与企业附加值。

第二,生产性服务属于普遍性的经济行为。除上述特性外,生产性服务还具有极强的行业关联性,这种特性与产品的中间投入特性相得益彰。行业关联性顾名思义就是行业之间打破区隔、相互关联的特性,主要有产业的前端联系与后端联系,前者主要针对某一企业和接纳这一公司产品的企业间的联系,后者主要针对某一企业和向它供应服务投入的企业之间的关联。生产性服务业与其他产业之间的关联性较强,它和第一产业与第二产业的关系都非常紧密,相当一部分服务本身就是从第二产业当中进行分离,其本身就是第二产业生产流程内的一道工序。因此它和第二产业之间联系密切,同时还能够促进其他机构的进步。此外,生产性服务内部也存在相互促进的积极关联性。生产性服务作为中间投入可理解成生产过程的某一环节,它主要负责产出"控制能力"类型的产品,这可以从以下两个方面来讲:其一,大部分生产性服务行业都会主动谋求往外部区域产出服务;其二,生产性服务能够在区域经济内促进基础部门的发展,同时形成区域出口,进而给区域增加盈利,换句话说,生产性服务能够被用来进行贸易,属于间接性的基础部门,应归属到基本经济行为序列。

第三,生产性服务产品还能够充当人力和知识资本的输出中介。学者 Gruble 与 Walker(2007)将人力与知识资本流进产品的生产环节基本上归功于那些企业,这些企业具备最先进的生产技术以及生产知识,同时还是以上资本的直接利用者。通过生产性服务的桥梁作用,以金融理财、法律审计、广告传媒、建筑工程、移动通信、信息咨询、管理培训以及会计为主的大量生产性服务的主要供应者都变成了具备高素质人才队伍的企业。由于高素质员工基本上会被服务产品生产方直接聘请,因此生产性服务并非将人力与知识资本嵌入生产工序的唯一路径,但即便如此,生产性服务还是汇聚了大量的人力与知识资本,且让生产变得更加专业化,生产过程更加复杂,从而促进整个社会经济的快速发展。

第四,生产性服务有朝外部区域发展的倾向。得益于跨国公司规模的扩张、世界市场竞争激烈程度的深化,跨国公司或大经济体逐渐将自身服务外包出去,相对独立的专业化生产性服已产生,并呈现生产性服务向外扩展的倾向。学者 David L. Mckee(2011)立足当前全球生产分工细化的背景,对 20 世纪 80

年代之后欧美发达国家去工业化趋势进行了深入研究。他认为,目前世界分工结构是发达国家服务项目外包造成的一种差序格局。通过将传统制造业或附加值低的非核心产业外包至发展中国家,发达国家自身的金融、技术革新、企业运营、产品销售、仓储物流等方面都出现大幅度发展。因此,一种发达国家和发展中国家间对立的"高级服务和普通第二产业"的生产分工结构出现。

Coffey(2012)基于企业竞争战略视域对生产性服务向外部发展的现状进行研究,指出生产性服务公司出于减少不确定性带来的额外成本的考虑,通常选择将服务项目外包出去以便利于企业风控,把母公司优势资源全部利用于高附加值环节或高阶竞争指标工序当中,以便提高公司生产的效度与管理的便捷性。服务型企业利用外合约或者直接向外购买服务的"半结合"模式,能够让母公司集中优势资源主打核心生产环节。需要注意的是,这种模式并不完全属于市场化行为。随着社会信息化程度加深,世界经济联系日益紧密,生产性服务行业在世界范围内的结构布局越来越清晰,特别是专门的世界性城市的出现。发达国家生产性服务企业或实力强大的经济体会选择利用境外资本注入,再让跨国企业于国际重点城市建立经销商或代理来完成产品的供应与终端销售,还有的企业会选择在那些世界型城市集中,以便将服务产品进行出口。

2. 生产性服务业的发展动力

经济学研究专家 Bhagwati(2003)曾提出,正是由于企业的外部化发展倾向,生产性服务业在短时间内狂飙突进。John Tschetter(2002)对美国生产性服务产业的蓬勃发展进行了解释,他认为美国传统制造业为减少成本,调整经济发展结构,提高产业市场竞争力,特意把之前企业内部供应的服务转向外部企业来供应,传统制造业和服务行业从业人口的布局将会受到很大影响。George(2001)通过对1973年到1983年的资料进行研究,发现英国制造业外购服务的开销持续增加,这一阶段内用于制造业购买上的开销却持续减少,以上变化均反映出生产性服务业的快速发展。

学者 Grubel 和 Walker(2005)针对加拿大1961年到1986年服务产业的发展情况进行调查,结果显示加拿大生产性服务业的蓬勃发展带动了相关服务产业的持续发展,并使其规模进一步扩大。但是服务产品的实际产出并未出现明显提升,政府服务的确切指数与服务产品在国家GDP中的占比不增反减。学者们认为商贸行为的复杂性、移动通信成本的降低,以及立法环境的变迁、工会组织对服务产业的管控都是产生上述现象的主要因素。Coffey 和 Baifly(2011)对产业区位与服务行业发展间的关系,以及一种新的弹性生产模式风靡现象进行了深入研究。

Baifly 与 Coffey(2012)同时指出,得益于一种更具弹性的生产模式的利用,产品的生产以及其他部门所负责的环节更加先进,因此生产性服务行业整体上效率得到提高。同时他们还指出服务货物与服务生产的优化、产品较短的市场周期、量化生产的颓势以及短时间内消费者产品的生产是促使生产性服务业快速发展的主要因素。此外,研发设计、广告传媒、服务与产品的市场以及分配等层面的重要性逐渐上升。随着生产性服务业的精益发展,更有学者认为产品生产方式和服务模式的转变、政府制定的一系列政策和管理条约、传统制造业和生产性服务业间交互的深入、生产技术创新需求等因素才是生产性服务业迅速发展的动因。

整体而言,生产性服务业的发展应归功于公司内外两个层面的合力作用。内部因素方面,得益于市场竞争态势的演变,公司为了减少生产成本与打造企业核心竞争力,才会选择把附加值较低的非核心业务或低价值环节转移至他国;外部因素方面,全球产业产出效力的上升、国际产业分工的进一步分化,为服务型公司由外购买服务创造了良好的外部条件。不难发现,以上倾向日渐显著。

3.生产性服务业的区位选择

生产性服务行业在区位选择上所要考虑的方面很多。从目前经济学家对生产性服务业区位选择的影响因子分析来看,大部分学者所做的分析都是基于生产性服务企业的生产用地选址来进行的。因此,目前仓储物流、自然环境、用地规模与成本、原料供应、劳动力价格、生产动能、政府税率等因素是生产性服务行业进行区位选择所要考虑的主要对象。

以上因素在古典经济学领域来看都属于成本导向型,也就是说生产成本的高低才是传统企业率先关注的焦点。但生产性服务行业所要考虑的因素并不复杂,服务行业的特殊性质导致其生产用地规模较小、服务产品的难以运输性又决定了其物流成本不会太高。所以生产性服务企业所要考虑的因素大部分属于准成本型与非成本型,例如市场容量与服务贸易环境等。所以,学者 Marshall 和 Wood(2012)的分析结论最能够体现生产性服务产业区位结构的现实特征。最主要的影响因素可以归纳为以下几种:接近因素、易达因素、环境因素。具体来看,就是要和目标消费者、同行业竞争者以及外部服务信息相近;同时要有良好的货运基础、信息通信基础以及高素质的从业人员;另外,还要兼顾产业所在地环境、社会经济发展大格局、符合服务产品生产的办公用地环境以及能够保证服务高效高质供应的市场环境等。

4. 生产性服务业对国民经济的影响

通常来讲,大部分人会把生产性服务业的快速推进当成是第二产业升级与创新以及向外获取资源的辅助性功能。但实际上,生产性服务业巨大的带动作用和高产出已经成为拉动 GDP 增长的最大动力。

(1)生产性服务行业在国民生产总值中做出的贡献。从宏观上看,服务业在经济合作与发展组织所有成员国中的地位逐步上升,在增加就业与促进经济发展上,生产性服务业所做的贡献均在 70% 以上。需要注意的是,消费型服务业在当中的占比却越来越低,对于拉动 GDP 稳步上升起实际效用的是生产性服务业。以美国为例,1940 年其消费型服务业在总体服务业中的占比高达 60%,到了 1970 年,这一比例降到了 42%。截至 2002 年,美国消费型服务业占服务业总份额的比重直接下降到 40%;而生产性服务业在服务业总产值中的占比却逐年上升,1940 年仅有 12%,2002 年直接飙升到 34%。另外还有加拿大,分别以 1961 年和 1998 年的数据为例,不到 40 年其国内生产性服务行业的产出扩充了 3.3 倍,在总份额中的占比高达 54%;但消费型服务只占总份额的 19%,与 1961 年相比仅仅扩充 2 倍;而政府服务也仅有 27%,扩充 1.9 倍。

(2)生产性服务行业促进生产技术的革新和服务水准的上升。自 1980 年后,大部分国家服务行业的开发行为与资本注入快速增加,服务行业在总体分额中占据了更大的比重。经济合作与发展组织成员国所有公司开发项目的开销中,产品研发在总支出中的占比在 1980 年仅有 5%,到 1997 年这一比重上升至15%。生产性服务在服务优化和技术革新当中,所起的作用越来越大。大部分生产性服务行业均为知识集中型,在生产性服务企业内部,拥有学士学位的从业者比例超过86%,而达到学士学位以上、有着更加高专业水平的从业者比例也高达41%。① 生产性服务公司除了完成研发多数创新性产品外,还间接性帮助相关公司进行技术创新与产品推广。

(3)生产性服务产业大幅度拉动就业增长。保证社会高从业率对社会经济增长和国家安定具有非常重大的意义。虽然生产性服务行业的公司规模偏小,例如美国,其生产性服务行业内公司规模基本上都只有大约12人,但在拉动就业、促进经济增长上这一行业所做的贡献并不亚于任何别的产业。例如,1975—1995年这20年来,美国社会大约增加了近5000万个新的工作岗位,从业增长率高达50%,其中,生产性服务行业的从业增长率突破100%,达到101%,比整个国家的就业平均增长率翻了一番。在加拿大,从1977至1996年这近20年的情况来看,其社会从业岗位总共增加了近370万个,从业增长率高达37%,其中,生产性服务行业的从业增长率高达138%,是整个国家就业平均增长率的4倍。同时,从从业性质来看,生产性服务业带来的就业增长中全职工作岗位较少,在美国仅占所有全职岗位的1/4,在加拿大这一比例也只占了1/3。②

1.3.2 生产性服务业全球转移

对于生产性服务行业的全球范围外包和转移,我们已经能够做出相对完整的判断和了解。生产性服务业是全球产业进一步细化分工与科学技术快速发展带来的必然结果。具体来看,生产性服务业转移是发达国家为获取更低的生产成本、更高的商贸利润、更大的市场空间而做出的价值链拆分,即把一些附加值低的非核心类生产环节外包至第三方,利用这些国家本土的资源、政策等相对优势进行生产与销售,以便实现企业利益最大化。同时,这也是发达国家在

---

① 祝佳.生产性服务业与制造业双重集聚效应研究——基于政府行为差异的视角[J].武汉大学学报(哲学社会科学版),2015,68(5):52-60.
② 徐宏毅,黄岷江,李程,等.生产性服务业FDI生产率溢出效应的实证研究[J].管理评论,2016,28(1):22-30.

经济全球化背景下谋求更多的经济话语权和发展的主导地位的一种经济现象。

生产性服务行业的全球转移需要借助一定的手段和方式才能完成,但就现在来看,对于生产性服务业的产业外包与转移的主要路径,学界还没有形成相对一致的看法。因为生产性服务行业的全球性产业转移包含在服务业世界范围内转移的范畴之中,同时它的转移有着一些特殊性质。因此本研究需要通过学界对服务业全球转移进行的划分来完成论述。按照生产性服务业全球转移的现实情况,本研究根据《2004年世界投资报告》的划分方法,将生产性服务行业的全球转移定义成生产性服务离岸外包与生产性服务对外直接投资(FDI)两种。

(1)生产性服务离岸外包

在具体的生产性服务转移当中,每个国家和企业的聚焦点不尽相同,所以在服务外包的定义上也有所偏差。IDC公司将服务外包市场划分为业务服务市场与IT服务市场两种。业务服务市场中外包的部分被定义成业务环节外包(BPO),IT服务市场中外包的部分被定义为IT服务外包(ITO)。ITO服务市场以下的子市场主要有三个,包括IT外包市场(ITO)、咨询和系统集成市场(C&SI),还有技术产品支撑市场(TPS)。在这当中,IT外包市场主要涉及程序外包、桌面和网络外包、信息系统外包等原有的"一对一"外包模式;另外,还涉及软件即服务(SaaS)与托管服务在内的"一对多"外包模式。

从生产性服务外包国的全球位置布局来看,可将全球性服务外包划分成三个不同的类别:区域外包、近岸外包与离岸外包。区域外包是将生产性服务的外包留在本国的其他区域,不涉及国际产业转移,只是本国产业结构的局部调整;近岸外包顾名思义就是寻找那些在地理位置上与母国相邻的国家作为服务项目的承接方,这样两国在文化习俗、语言环境、市场需求上会有较大的相似性,便于生产与消费的完成,同时还具有其他外包形式不具备的相对优势;离岸外包指的是服务项目东道国与项目发包国属于不同的国家,且在地理位置上并不互相毗邻,所有的外包过程都要跨境才能实现。传统的离岸服务外包项目一般只含有劳动导向型且附加值较低的业务成分,例如数据传送、采购代理、分销加盟等。随着全球性产业转移规模不断扩大,服务项目东道国生产技术、管理经验、运营体系日趋成熟,生产性服务项目的离岸外包从流程到类别也越来越复杂。

近年来,离岸服务外包所涉及的项目类别具体可分成三种:包括软件开发、程序编写、系统测试和网络支持在内的 IT 项目;以用户支持与销售、呼叫中心为主的消费者关系型;以金融理财、数据监管、项目运营为主的运营类服务。

(2)生产性服务 FDI

一般而言,生产性服务 FDI 主要涉及仓储物流、信息咨询等和跨国企业存在发展战略合作关系的服务型企业,这种项目外包类型出现的目的主要是给跨国企业在承接方市场完成生产或业务运营提供相应的服务,还有的是扩大承接国市场以及更好地进行全球商贸活动。

1.4 研究意义

(1)学术价值

本书从生产性服务业的多重异质性特征切入,采用微观企业层面的数据构建生产性服务业创新升级的机理模型,优化设计生产性服务业创新性评价指标体系,分析开放新格局下生产性服务业内部结构优化、外部嵌入全球服务链和产业双向融合的机理,在学术上有较大的补充作用。

(2)应用价值

我国新时代发展不平衡不充分的问题在产业结构上表现为:服务业,尤其是生产性服务业发展相对于制造业发展的不平衡不充分。本书以生产性服务业供给侧结构性改革目标为导向,综合研究生产性服务业的技术创新与非技术创新影响因素,提出我国生产性服务业创新升级的实现路径和推进路线图,在解决我国生产性服务业的创新能力不强问题和增强服务经济新动能方面具有较大应用价值。

第 2 章

生产性服务业创新升级的相关理论

2.1 生产性服务业创新升级文献综述

"经济服务化"是工业化中后期经济转型发展的大趋势和一般规律。多年来,学术界对于生产性服务业创新升级问题的研究既经历了"生产性服务业的创新能力和差异问题—生产性服务业的创新绩效和影响因素问题—生产性服务业创新升级模式选择问题"三个层面,又在视角上不断创新,从"宏观—中观—微观"的主线,到异质性、全球价值链视角,涌现出了一批有代表性的人物和研究成果。

(1) 关于生产性服务业的创新能力、水平和差异问题研究

服务业生产率及发展水平一直是学术界和政府决策部门关注的热点问题,Baumol(1985)提出了著名的鲍莫尔－富克斯假说,即认为服务业生产率较低,大力发展服务业将拉低总体经济增长率。Andrés Maroto Sánchez(2012)等进行了验证。

国内,程大中(2004)也检验了鲍莫尔－富克斯假说,认为中国整体服务业的劳动生产率增长滞后,服务需求与服务部门发展处于一种极不均衡的状态。王恕立(2012)引入"技术不会遗忘"假定进行测算,结果表明,中国服务业总体及细分行业的全要素生产率均处于上升通道但是滞后于工业,同时表现出行业异质性。这种异质性还体现在区域层面。刘志彪(2011)认为我国经济发达地区服务业比重长期难以较大幅度上升的原因,是我国服务业开放水平滞后于制

造业开放,发达地区大量承接国际制造业外包使全球制造业市场成为这些地区制造业比重持续上升的重要支撑,而这些地区服务业并没有实现全球化,支撑其发展的只是以本地化为主的市场容量。未来我国经济发达地区发展现代服务业的战略和政策,必须基于加入全球产品内分工的特征和扩大内需的国家战略,去寻求全新的发展理念和手段。B. Eichengreen、P. Gupta(2013)提出了服务业增长有两波:第一波增长出现在人均收入相对较低国家的传统服务业,第二波增长发生在人均收入较高的民主国家、开放贸易国家以及接近全球金融中心国家的现代服务业。

夏杰长(2015)提出我国正处在工业化中后期加速转换阶段和城镇化快速推进阶段,有望在"十三五"期末形成以服务业为主导的经济结构,明确预判2020年是服务业发展"窗口期"。国家统计局局长宁吉喆(2017)主编的《新常态下的服务业:理论与实践》从服务业发展理论入手,探讨了服务业发展的一般规律和实践路径。该书对服务业与新旧动能转换关系进行了深度分析,认为经济新常态下能否实现动能转换,关键要看服务业,特别是生产性服务业的发展速度和质量。从"中国制造"向"中国智造"转变固然要靠工业的自身创新发展和技术进步,但更取决于高度发达的生产性服务业。庞瑞芝(2014)采用1998—2012年中国省际面板数据测算,结果显示:服务业平均生产率高于工业,但全要素生产率增长稍逊于工业。从学术文献来看,这一层面的研究还是以单一的生产率指标为主。

随着服务业,特别是知识密集型服务业的快速发展,鲍莫尔－福克斯假说和关于服务业创新性弱的提法并不成立。学界的研究转向服务业创新和制造业创新的差异方面,主流代表 Tether B.(2005)不仅验证了服务业创新和制造业创新的差异,而且提出服务业创新既包括产品创新的技术性活动,又涉及流程、组织创新的非技术性活动。这三种创新不仅难以区分,而且没有较大意义。Faïz Gallouj、Maria Savona(2009)把服务业创新归纳为技师型、服务导向型和综合型创新。笔者认为,随着生产性服务业的模块化和高端制造业的服务化发展,生产性服务业创新一方面沿用制造业创新的范式,另一方面更注重服务产品的特殊性和异质性。

（2）关于生产性服务业的创新绩效和影响因素问题研究

由于服务业创新难以衡量，学术界关于服务业的创新绩效和影响因素研究可以分为两派。

一部分学者主要利用制造业的研发投入和专利产出数量等"硬性"技术性指标来评估服务业创新的绩效。如 Cainelli G.、Evangelista R.、Savona M.(2006)实证发现了服务业创新与企业生产率之间的双向促进关系，Segarra Blasco A.(2010)认为规模较小和较年轻的知识密集型服务企业的研发支出、产出创新比制造业更高。

另一部分学者从服务业创新的特殊性出发，引入相关的外部联系、出口等变量进行多元化实证分析。Djellal F.、Gallouj F.(2007)提出某些特定服务如酒店、零售和分销等是由多种可变的其他服务组合创新而成。M.A. Mansury、J.H. Love(2008)发现服务业创新的增长效应至少可以部分归因于创新者在创新过程中保持与客户的互动等外部联系。David Doloreux、Richard Shearmur(2010)论证了信息技术设计、管理科学工程和科技咨询服务这三个知识密集型服务业的创新存在复杂、显著的异质性。James H. Love、Stephen Roper，Nola Hewitt-Dundas(2010)研究发现服务业创新只有与出口相关联时，才会提高生产率。L.M. Castro、A. Montorosanchez (2011)认为服务业组织和商业创新能提升服务业生产率。João J. M. Ferreira(2013)的研究结论更有趣，即非知识密集型服务业的流程创新和组织创新能力比知识密集型服务业更强。J.Nieves(2016)和 N.D. Liso(2017)认为服务业管理创新活动有利于产品创新，而且通过对产品创新的影响间接影响财务绩效。

国内代表性的学者许和连(2016)认为制度环境的改善对服务业创新促进全要素生产率的增长具有正向调节作用，创新对企业全要素生产率的影响具有差异性。可以看出，这一层面的现有研究主要针对发达国家成熟的服务业，而且创新的异质性和非技术性方面占主流地位。

（3）关于生产性服务业创新升级的模式选择问题研究

对于生产性服务业创新升级的模式，学术界主要从两个视角来论述。

①产业融合视角

Muller、Zenker(2011)认为,生产性服务业不仅与加工制造业有融合趋势,而且与高新技术及知识的融合发展趋势也正在加快,促进了高级生产性服务业的发展。Hiroshi Kurata(2011)经研究认为,一个生产性服务企业同时进入多个区域时,区域间市场需求规模差异增大不利于服务企业发展。贺正楚(2012)通过对全国以及江苏、湖北和陕西的生产性服务业与战略性新兴产业融合发展状况的测度分析发现,我国战略性新兴产业在驱动生产性服务业发展时,二者存在着融合程度不均衡、融合性不显著问题。江小涓(2017)也认为,现代技术特别是网络技术的发展正在改变服务业的基本性质,引起了广泛的资源重组与聚合。王文(2017)从规模经济和创新激励等角度分析,发现制造业对生产性服务业需求的提高有助于生产性服务业效率的提高,但是在经济发展的不同阶段,这种促进作用表现为一种非线性的门槛效应。

吕政(2006)以国际经验的归纳和比较为基础,全面解析了我国生产性服务业发展所面临的瓶颈,从消除进入壁垒、强化分工优势、促进产业关联、推动服务业创新、优化产业布局和加强区域协调等方面提出了我国生产性服务业发展的战略途径及对策建议。顾乃华(2011)认为,在中国经济转型期,城市化进程是影响城市服务业增长速度和比重的重要因素,通过改变城市化对服务业发展的作用强度间接影响所辖城市的服务业增长速度和增加值比重;制度变迁进程在省份之间的不均匀分布也会成为城市服务业发展不均衡现象的一种生成机制。

贺正楚(2012)认为,战略性新兴产业对生产服务业的融合力较强,而生产服务业过于依赖战略性新兴产业的投入和需求。我国生产服务业与战略性新兴产业均应由制造业驱动方向服务经济驱动方转变。席强敏(2015)提出,在工业效率提升的目标导向下,中国各城市生产性服务业发展面临在专业化与多样化发展模式之间进行选择的问题。随着城市规模的扩大以及工业对生产性服务业需求规模的上升和门类的增加,生产性服务业发展模式逐渐由专业化向多样化转变。生产性服务业多样化程度越高的城市对周边城市工业劳动生产率提升的空间溢出效应越大,随距离增加而衰减。

从文献来看,目前主要研究制造业向服务业的单向融合,而对于生产性服务业的内部融合与向制造业端反向融合的研究较少涉及。

②参与全球价值链视角

Jota Ishikawa(2010)构建了一个国际双寡头模型,研究得出,服务部门FDI自由化显著提升了工业产品质量。中国经济发展下一个阶段的任务将主要由服务业承担,未来"中国制造"与"中国服务"要并驾齐驱。姚战琪(2014)从全球价值链视角提出优化我国服务业结构,构建国家价值链,并大力发展本土生产性服务业。袁志刚(2014)运用全球投入产出模型分析了生产服务业对我国各产业部门生产投入的变迁,发现全球化趋势正造成生产服务业对主要产业部门投入的停滞和下滑。同时,国外生产服务业投入替代国内投入,并且这一替代现象集中在中、高技术含量产业部门。中国未来生产服务业发展必须坚持服务业进一步对外开放,并在鼓励货物贸易出口和国内最终需求增长的同时破除服务业领域国有企业垄断和加快人力资本积累。来有为(2017)评估了我国服务业的国际竞争力、承诺开放度和真实开放度,认为国际竞争力与发展规模不匹配。我国服务业的真实开放水平较低,扩大开放是提高我国服务业发展质量和国际竞争力的重要战略举措。

王猛(2017)经研究认为,服务业集聚区所提供的集聚外部性以及嵌入全球价值链所获得的国际技术外溢显著提高了服务业企业的创新能力。吸收能力对服务业集聚区、全球价值链与服务业创新的因果关系无调节作用,但能够直接促进服务业创新。李磊、蒋殿春(2017)构建了一个包含中国服务业企业对外直接投资(OFDI)信息的微观数据集,从企业异质性角度检验了中国服务业企业对外直接投资的决定因素。结果表明,企业生产率、人力资本、资本密集度和企业年龄与服务业企业"走出去"具有显著正向关系。

宁吉喆(2017)认为,经济新常态下能否实现服务业与新旧动能转换关键要看服务业特别是生产性服务业的发展速度和质量。

(4)研究述评

从学理研究而言,生产性服务业创新的学术史在以下方面有待深化:

一是在生产性服务业创新升级的机理方面,现有研究成果虽有涉及,但缺乏深度分析,缺少从服务业供给侧和开放性集成创新视角进行的系统性理论探讨,且现有的研究多数针对服务业整体,而对于生产性服务业的研究相对较少。

二是现有的实证研究多运用较为宏观的统计数据,微观层面的研究成果相对稀少,尤其现有的研究主要基于发达国家成熟的服务业,而针对中国服务业创新的研究不足。

三是现有的研究大多数基于单一的企业生产率异质性视角。而笔者认为企业规模、开放度、创新源结构、员工能力、与外部创新源的互动等多重异质性不仅对企业创新更具有解释力,而且在中国情境下更适宜。

2.2 生产性服务业国际转移文献综述

2.2.1 生产性服务业国际转移的理论解释

(1)要素禀赋理论

按照俄林的要素禀赋理论来对全球产业转移进行研究,不难发现,各国不同的比较优势是造成世界服务项目外包的主要原因。美国经济学家阿瑟·刘易斯(1985)是最早对全球产业转移驱动力进行研究的人,他对20世纪60年代发展较不成熟的劳动导向型企业的全球性转移的主要动因做了详细的研究。他认为,第二次世界大战后发达国家人口大量减少,相应的劳动力也非常短缺,但经济百废待兴时期工业的增长速度反而提高不少,这就产生了一组矛盾,即大量增长的企业随之而来的大量工作岗位与社会有效劳动力匮乏之间的矛盾,其中,非熟练从业者更少。但同时发展中国家工业化程度没有发达国家那么高,经济增速缓慢,相应的就业岗位也增加不多,但发展中国家却有着强大的人口基数,人口增长速度比发达国家要快。对比来看,发达国家与发展中国家在后续劳动力的培养上呈现出巨大的差异,同时也正是发展中国家劳动力密集这一比较优势使得发达国家将劳动导向性产业纷纷外包转移。阿瑟·刘易斯提出全球性产业转移是因为发达国家的人口自然增长率低,从而造成非熟练劳动力严重匮乏,在发达国家内部,因劳动力短缺而上升的人工成本是导致发达国家制造业或其他劳动导向性产业转移的主要动因。不难发现,阿瑟·刘易斯对世界产业转移的研究正是基于俄林的要素禀赋理论来进行的。

日本经济学家小泽辉智(1995)提到世界产业外包转移是由这一产业的比较优势出现变动才导致的。他将世界产业转移的推动因素称为"比较优势再生"。换句话说,发包国因为一些因素丧失了经营这一产业的比较优势,因此才选择将这一产业转移至拥有相应比较优势的区域或国家。

(2)雁行发展模式

日本另一位学者赤松要(1941)对日本棉纺工业史进行了具体研究分析,并第一次提出"雁行形态论"的基础模型;第二次世界大战后又和另一位学者小岛清等相关人员对雁行形态论做出补充并进一步深化,并建立了互相关联的3个模型来完整解释其内容,分别为基础模型、变型1、变型2。基础模型可以表述为后起国相关行业的生命周期。一般而言,产业的生命周期包含进口、生产与出口三个阶段,后续的研究又新加入成熟与反进口,将这一生命周期扩展成五个阶段;第二种模型即变型1,研究表明,所有产业的生命周期都要经过以上阶段,但顺序有所不同,一般会从早期的消费资料生产向生产资料生产变化,或从轻工业向重化工业发展,再从重化工业向技术导向型产业转变;变型2指的是伴随国家比较优势的变化发展,利用资本注入等手段在全球范围内进行产业转移,东亚地区的大部分发展中国家在对发达国家产业转移的追赶上呈现出"雁行模式"的特点。不难发现,学者赤松要一开始进行雁行模型理论研究时,其目的主要是阐述日本在明治维新之后的工业发展状况,后来以东亚国家为主的亚洲国家在研究产业格局变化与全球性产业分工时才更多地对该理论进行沿用与拓展。

赤松要的雁行形态论对后起国内部的产业发展格局与方向,以及详细的发展流程与路径做了具体的描述说明,同时也对东亚大部分国家与地区产业发展的历史进程进行了详尽的表述,所以,赤松要及他的理论假说具有很高的知名度。但我国学者汪斌提出,"雁行形态"论的成立需要具备一些客观条件,并且这一理论的适用度会随着客观条件的变化而变化。具体而言,赤松要的理论假说只能给某一时期的产业发展作为参照,脱离特定的时期来考量则不一定适用,未来的产业发展格局与态势在这一理论中得不到反映,同时,对发展中的大国而言,该理论的适用度也不高。因此,雁行形态论没有普遍性与通用性。但这一产业发展模式在20世纪70年代发挥了巨大的作用。利用该理论,日本将产业大量转移至亚洲新兴工业国与区域经济体以及东盟大部分国家与地区,促进了日本经济的发展。90年代之后,学界在产业转移方面开始了新的理论突破,产业转移理论和世界经济学以及全球经营学理论之间的关联性越来越密切。

小岛清(1967)曾经提到企业境外资本注入、全球性产业外包要按照"比较成本原理"进行,他认为,发达国家或其他产业发包国在进行产业转移时要按照一定的顺序,一般而言,要先将边际产业,即在国内已经丧失比较优势的产业进行转移,利用产业的区域流动来减少本国在劣势产业上的投入,或是利用承接国的比较优势对该产业进行革新。按照俄林的要素禀赋理论,不同国家在生产要素禀赋上存在差异,所以要素的相对价格也会出现差别。具体来说,任何产业的发展与扩张都必须有一定的生产要素作为生产支撑,例如劳动力要素、土地、资源、市场、交通等,生产要素成本的上升必然导致产业生产成本的提高,这一产业在其他因素不变的情况下将会减少利润,因此必须将这类丧失了比较优势的企业进行转移,去寻找成本更低的生产要素,利用产业承接国的比较优势来扩大贸易与进出口规模。

实际上,小岛清对于境外资本转移与产业外包的观点与李嘉图的比较成本理论非常相似。按照小岛清的说法,国家和地区要尽量提高具备比较优势产业的专业化程度,同时扩大这种产品的出口规模;另外,应该尽快将已经丧失比较优势的企业利用外包、转移或直接在东道国进行资本注入,利用产业进入国的相对比较优势进行产品生产,再把产出的产品进口至本国。

小岛清提出的理论分析总结了第二次世界大战后日本境外资本注入的经验,总的来说,日本境外直接投资大部分集中在劳动导向型、制造业加工型以及一些其他的基础性产业上。不难看出,日本境外资本注入的历史脉络,本质上就是日本为促进产业发展及本国经济发展所做的一系列产业布局的调整以及全球性产业转移活动。同时,立足小岛清的"边际产业扩张论",后来众多日本学者对其进行了补充,他们认为由于产业布局优化的过程还与产业海外转移以及跨国公司的境外发展联系密切,所以一国的产业转移只是全球性产业布局优化的一种载体。

(3)工业组织理论

20世纪60年代,境外资本注入理论可划分成两个主要流派,其中一个流派是学者约翰逊、凯夫斯和拉格曼基于海默的批评理论进一步提出的工业组织理论。海默的研究表明,美国的境外投资大部分汇聚在少数几个行业,同时这些行业都由一些实力强劲的跨国公司把控。全球性跨国集团是经济市场发展不充分的结果,其对行业的垄断是跨国公司进行全球性资本注入的主要优势。

约翰逊对海默提出的垄断优势理论做出了更深入的阐述,他提出知识资本才是垄断优势的关键,知识资本的国际转移历程实际上是跨国企业海外扩张的过程。[1] 凯夫斯按照海默的研究路径撰写了一系列学术著作来确定与透析企业的垄断优势。在他的研究分析中,所运用的是全球直接投资存量指标,关注点在于整个行业的行为而不局限于某一企业。

以海默为代表的工业组织理论流派对区位内涵的界定分为两方面:第一个方面,区位条件的立足点在于单一企业的特性,也就是企业具有的垄断优势,接着推广到整个行业的特征,最后行业的特征又会影响到国家特征,按照这一脉络,国家特征已被严重消解;第二个方面,具体研究区位所在国的代表性企业以及整个行业的区位特征,但在产业承接国这一理论只作为间接性推论。所以,工业组织理论仅仅是以产业转移方企业为主体的全球性直接投资理论,适用性较弱,对于承接国而言,它的内涵面较窄。

(4)国际产品生命周期理论

哈佛大学弗农博士对美国对外投资企业进行了一系列调查,结果显示,美国企业海外资本注入的动态特征和生产产品的生命周期关系紧密。弗农在观察到的动态特征的基础上提出著名的产品生命周期理论[2]。他认为,产品发展

---

[1] BUCH C M, LAPP S. The Euro—No big bang for European financial market[J].Konjunk-turpolitik, 1998(47):11-78.

[2] FAiZ GALLOUJ,MARIA SAVONA. Innovation in services: a review of the debate and a research agenda[J]. Journal of Evolutionary Economics,2009,19(4):149.

的历程必须先经过创新阶段的实验才能达到成熟的生产阶段,最后才能完成标准检测,这时资本对外注入会慢慢取代产品。产品在早期的创新阶段,要有符合要求的高端研发设计能力以及高额的交易市场,这些条件美国刚好都能够提供,因此美国企业在这一阶段就要开始大规模生产并对产品进行出口,借助企业对市场的垄断来取得巨大的收益。在产品发展到成熟阶段后,产品质量及设计趋向稳定,此时价格因素成为主要的竞争手段,生产要素的成本在生产中的地位更加重要,海外的一些企业也会对产品进行仿造。这一时期美国企业应该在海外进行直接投资,以减少生产成本,利用境外相对比较优势来扩大海外市场以及产品的生产规模,这一阶段的投资通常会选择市场需求和自己国家差异程度小的地区或国家。到了最后标准阶段,企业的技术垄断优势已经丧失,相反,高素质劳动力成本迅速上升。因此,非成熟劳动力导向型的企业在一些劳动力成本低廉且人力集中国家或地区优势尽显,此时美国企业应更多往发展中国家进行外包或转移,同时将生产出来的产品进口到本国或销往市场消费率高的国家。弗农的理论尽管仍然没有跳脱出俄林的要素禀赋理论,但却在很多层面有创新。具体而言,与俄林相比,他是基于产品生产周期性变化这一点对全球性产业转移现象进行细化研究的。

著名经济学家邓宁基于世界生产折中理论,创造性地提出了世界投资发展周期理论,同时这一理论是基于投资周期视角对全球性产业转移现象进行研究的。邓宁认为应该将国家在海外进行的资本直接投资和这一国家的经济发展的不同阶段联系起来进行研究。当一个国家经济发展处于较早阶段时,这个国家的产业发展走势大致上属于单方面世界产业转入期,之后随着社会经济的进步、人均收入的提高、产业布局的优化,以及企业竞争力的提升,这个国家的企业才会迈入全球化进程。接下来,这个国家才有能力进行对外直接投资,原有的单方面世界产业转入模式得到升级,并逐渐参与到全球产业转移的浪潮当中。

(5)梯度理论

该理论指出产业转移还有一个必要的前提,即不同区域之间存在着经济梯度。经济梯度主要涵盖三种——产业梯度、生产要素禀赋梯度、生产技术梯度等,经济发展程度不尽相同。① 所以高梯度的产业自然会往低梯度区域发生转移。因此经济梯度的实际现状是全球性产业转移的前提。梯度理论指出新产品、新技术、新产业组织、新的运营和组织模式等创新行为基本上来自高梯度地区,接着随着时间的推移产品生命周期的更新,会从高梯度往低梯度区域转移。按照梯度转移理论,所有国家或区域均处于相应经济发展梯度,区域主导的专业化部门于产品生命周期内所处的时期对区域经济的盛衰起到关键作用。位于高梯度的地区创新对经济发展的作用至关重要,企业可以研发新产品,打造新产业,维持区域在技术上的优势地位;位于低梯度的地区想要加快经济发展速度,必须率先推动具备高度比较优势的初级产业或劳动导向型产业,主动吸收海外资本与高端工艺,利用高梯度地区进行的产业转移来加快地区经济上升速度,使区域由经济低端发展梯度往高端发展,最后进入发达地区序列。梯度理论基于产品和生产工艺的生命周期视角,具体研究了产业于地区之间的扩散和转移。

我国学界对梯度转移理论展开过大规模的讨论,一部分认同梯度转移的学者提出,产业的梯度转移将更好地发挥地区比较优势,从实际出发,根据不同地区梯度的差异来进行生产力的地理转移,由高梯度区域率先吸收外资与工艺,再往下一级梯度转移;另一部分不认同梯度转移的专家提出,如果政策支持、基础设施条件允许,经济发展低梯度区域同样能够将全球最先进的生产技术引入企业生产环节,并逐步提高自己的技术含量,完成飞跃式发展,最后往经济发展高梯度区域实现反梯度转移。另外一部分专家认为,产业汇集等因素对产业梯度转移理论造成极大的影响。他们提出,目前中国已处于一种空间与政策优惠的重要性逐渐降低的时期,产业汇集效应正处于更关键的地位,同时产业转移的成本也会随产业集聚效应的形成而不断提高,但对中国来说,纺织轻工业等劳动力导向型企业在多大程度上才会因为经济的发展而往中西部转移,应该重新研究。

跨国企业作为全球性产业转移的微观载体,大多数学者站在它的角度对全

---

① ELHANAN HELPMAN. Trade, FDI, and the organization of firms[J]. NBER Working Paper,2006,No. 12091.

球性产业转移现象进行研究,提出企业全球转移现象是跨国企业寻求资源在世界范围内的合理配置,达到利润最大的转化率,相关的学者如原田君道、Haaht、盐次喜代明与田中拓男。我国学者卢根鑫提出重合产业的发展是产业在全球性发生转移的主要动因。他提出,得益于产业投资与贸易,那些价值成分异质和技术成分相似的重合产业迅速成长,重合产业受制于价值成分的异质,因此绝对成本会出现高低落差。因此,发达国家只能将产业进行世界性转移以便实现产业布局的优化。

2.2.2 生产性服务业国际转移的经济效应

绝大多数专家都基于国家战略的角度进行研究,只有少部分学者会从产业组织视域来展开分析。站在产业发包转移母国的立场进行分析,技术条件的进步、政策环境的放宽以及国际分工的细化,使发达国家进一步实现了产业的转移,将其丧失比较优势的企业发包至别国,从产业结构来看,全球性产业转移优化了发达国家的产业结构。但这一现象造成的影响,即对国际分工以及发达国家经济提升的作用究竟如何,这一点在学界与业界都还未形成统一的定论。目前跨国企业已变成产业全球性转移的载体,产业在世界范围内的转移本质上是跨国企业全球资本注入的必然现象,所以跨国企业的世界资本注入经济现象同产业全球性转移造成发达国家产业空心化与否方面联系紧密。

针对这种关系,业内学者分别提出一些不同的论断。张弛提出,跨国企业的境外资本注入与跨境生产并不会导致本国原有生产出现问题,相反,可以拉动生产。王文提出,跨国企业的世界分工模式与运营策略才是影响境外生产对本国制造业发展的主要因素。① 近几年来,跨国企业的世界分工模式已经慢慢从纵向混合型向横向型发展,运营策略也从原来的民族经济与本国利益的"多国国内发展策略"逐渐往服务于世界范围内企业盈利高峰的"全球整体性策略"转变。跨国企业的境外经营将会给产业承接国传统制造业的市场竞争力带来消极影响,但却可助力项目发包国,使其"产业空心化"的程度得到改善。

---

① 王文,孙早.制造业需求与中国生产性服务业效率——经济发展水平的门槛效应[J].财贸经济,2017,38(7):136-155.

(1) 针对研发设计环节的产业转移现象进行的研究

就现在来看,学术界对产业全球性转移的分析基本集中于生产环节限制方面的突破,目前学界研究的热点问题逐渐转移到针对产品研发设计环节的世界性产业转移上。J. Cantwel(1998a,1998b)认为欧美实力强劲的跨国企业在20世纪30年代就已经通过境外经营在别国建立产品研发设计中心来实现研发环节的产业转移。这种现象在当时较为罕见,在转移的产业总量当中,研发类型产业转移量仅占约7%。20世纪60年代以后,研发类型产业转移规模逐渐扩大,这点在技术导向型产业的开发上表现得最为明显。1965年,有学者针对32个大型跨国企业的产业转移状况进行具体研究,发现产品研发类型产业的全球性转移在所有研发转移量当中只占6.2%,而30年以后,这一比重高达25.8%,提高了将近20个百分点。这一时期,学者们通过不同的方法和理论基础来研究全球性产业转移中的研发类型产业。

学者R. Ronstad、J. Behrma、L. Hakanson和D. H. Dalton陆续通过小规模样本分析的手段来研究全球性产业转移的重要载体——跨国企业的转移现象。这些学者采用的实证研究方案可以更加详细地对企业研发环节产业转移的内部行为动因进行分析,但小样本研究最大的问题就在于样本容量小,容易出现以偏概全的问题,很难从小样本中对总体情况进行宏观把握。假设使用政府提供的数据来进行研究,这在一定程度上可以体现出更大范围的情况,但对于跨国企业研发环节转移现象的内部动力的进一步研究而言,这些数据则缺乏说服力。

对此,学者R. Florida和L. Hakanson以及R. Pearce弃用以往小样本研究的方式转而改用大样本实证研究方案来解决上述问题。他们的大样本研究主要有以下特征:大样本研究方案对象一般只针对产业发包国以及产业接入国。三位学者分别对不同国家的研发产业转移现象做了针对性的研究,其中,R. Florida主要以美国为研究地点对其研发产业全球性转移现象进行分析;L. Hakanson主要对以瑞士为目的地的研发产业全球性转移现象进行研究;而R. Pearce则以英国为研究地点具体分析其研发产业全球性转移现象。但以上学者均没有将时间作为变量进行水平领域的分析,而是针对某一时期的研发产业转移现象进行系统研究。

(2)针对全球性产业转移中生产流程的研究

目前,生产在世界范围内逐渐融合,并慢慢取代投资与商贸的全球化趋势,经济全球化必然导致生产的全球化,产业国际分工进一步深化,产业转移也细化到生产的每一环节与序列当中,生产方面的联系日益紧密,并慢慢发展成一整条成熟的生产链。经济学家 McGrath、Robinson 指出,目前所有行业的生产与价值链基本都被拆分,就整条价值链而言,由于比较优势的不同,即完成这一环节生产所耗费的成本存在差异,企业必然会寻找成本低的地区进行生产,换句话说,价值链的所有环节都会受要素禀赋的影响而分配于全世界不同的地区。对此,大部分欧美专家还特意按照实证研究的方法对价值链上各个工序的转移进行了分析。例如学者 Peter Gourevitch 就对电脑硬盘驱动器行业进行了具体的分析,结果表明电脑硬盘驱动器生产主要由调查(research)、发展(development)、应用和组件(parts fabrication and subassembly)、维修(repair)、服务(service)、管理(management)、市场运营(marketing)以及加工 tooling 等多个生产环节构成。尽管美国目前仍然是世界上规模最大、技术最先进的电脑硬盘驱动器生产国,但也仅仅只保留了一部分核心业务及生产环节,大部分生产流程都已经通过外包或转移的方式由别国来承接。Peter Gourevitch 的实证研究从侧面出发,间接地证明了生产流程进行全球性转移的可能性。学者 Ettore Bolisan 对世界服装行业所有环节的国际分布状况的整体情况进行了研究,一方面验证了生产环节之间在世界范围内进行转移现象的客观性,另一方面还对这种生产环节间全球性转移的资源区位、市场区位、生产力区位和发展策略动因四个动力因子进行了更深入的论述。其研究成果收录于 B. L. Maccarthy 的著作当中。

目前,研发环节与服务工序也慢慢加入全球性产业转移当中。近年来,产品的研发环节在世界范围内的转移已经成为学界重点关注的问题,但目前这一方面得出的研究成果非常匮乏。具体来看,服务行业所涉领域较为广泛,产业构成较为复杂,这给学界的研究带来极大挑战。未来国民经济中服务行业的重要性一定会持续上升。因此,对服务行业研发环节的世界性转移现象进行深入研究具有很大的前瞻性。

2.2.3 服务贸易壁垒与自由化文献综述

在乌拉圭回合谈判前,服务贸易的自由化一直以来难以实现。因此,20世纪80年代以后,外国学者特别是国际货币基金组织、亚太经济合作组织、世界银行等组织的经济学专家们长期以来致力于世界服务贸易壁垒与国际商贸自由化的研究,以期实现乌拉圭回合服务贸易谈判的成功以及提高全球服务贸易的自由化程度。研究大致上涵盖下列三方面:

(1)关于服务贸易自由化意义的研究

学者大部分都按照理论结合实际的研究范式对服务行业自由化贸易的意义与重要性进行研究。1985年,学者萨皮尔分析了服务行业自由化贸易对发展中国家的重要性。他认为,服务行业对社会经济发展的作用至关重要,这一点在基建方面以及教育服务部门等体现得更为明显;同时,发展中国家的基建服务与教育服务又特别短缺,所以,必须加快服务自由贸易的进度,将服务进口的规模进一步扩大。亚太经济合作组织在1989年曾做过一次研究报告,报告指出,服务自由贸易将有利于扩大发展中国家的产品出口规模,拉动发展中国家的经济发展,更好地享有多边贸易带来的惠益。

学者伯格斯曾于1990年搭建了一个"服务作为中间投入品"的模型,深入探讨了服务自由贸易对世界上各个国家贸易与经济发展的重要性。根据伯格斯的研究,服务正常来讲都能够被当成中间环节投资以及经济发展的一般性架构,服务自由贸易的实现能够减少全球产业生产过程中的成本,带动货物贸易的增长,切实改善国家的帕累托环境,进而提升国家的整体福利质量。豪克曼等学者于1997年通过对生产性服务贸易的具体研究,进一步说明了服务贸易在世界经济上升过程中的意义,同时还对服务贸易壁垒给世界经济发展造成的阻碍进行了阐述。

这些学者认为,企业的全球性生产与运营必须依靠服务的自由化贸易才能实现优势资本与产品的变现,但据调查,对服务部门竞争策略进行制约需要付出巨大的成本。

（2）关于世界服务贸易壁垒的分析

学者萨皮尔对发展中国家制定服务贸易壁垒的影响因子进行了系统的研究分析，指出原因主要有以下三个方面：第一，维护本国弱势服务行业的初衷；第二，全球范围内贸易收支困难；第三，在国家基础经济布局当中服务业所起的作用。

学者巴格瓦蒂于1985年提出，目前服务自由贸易还很难吸引大多数发展中国家。具体来说，首先，发达国家在自由贸易中的强势导致大部分发展中国家不认为自由贸易能够给本国带来多大的收益，加入世界自由贸易只会助长"马太效应"，即发达国家越来越强，发展中国家与发达国家间的差距越来越大；其次，大部分发展中国家认为服务行业自由贸易以后全球范围内的焦点将不再是发展中国家具有比较优势的货物贸易；最后，一些关乎国计民生的行业也归属于服务业，没有任何一个发展中国家愿意让发达国家过多地影响本国基础性企业以及涉及经济安全的行业。发展中国家出于上述三个方面的考虑，一直以来对服务行业的自由贸易都较为排斥。

豪克曼与其他几个学者在1997年还对服务贸易壁垒与货物贸易壁垒的相同点和不同点进行了比较，他们指出政策补助、关税及税收、配额与技术指标等壁垒不但对货物贸易产生很大影响，还对服务贸易产生相关制约；但在所有类型的壁垒中，以价格壁垒为主要代表的边境手段一般来说并不能对服务贸易起到太大的制约作用。

（3）关于全球服务自由贸易方式的探讨

根据前文列举的萨皮尔、特比尔科克、豪斯、豪克曼等学者或业内专家的研究，我们可以把全球服务自由贸易的方式归纳为以下几种路径：第一，利用关税及贸易总协定以及世界贸易组织在促进全球自由贸易中的作用，主动促成多边贸易谈判；第二，服务自由贸易活动需要于区域性跨国公司内部率先推进；第三，由于与服务自由贸易相关的壁垒基本上分属非贸易部门管制，因此国家与国家之间必须就竞争政策进行沟通协商，尽量争取在自由贸易上达成一致；第四，为提高发展中国家参与服务贸易自由化的积极性，发达国家不能只顾本国经济的发展，而应在世界贸易体系中承担更多的责任，对于发展中国家具备比较优势的货物在贸易过程中应给予高度的自由化,以此来提高发展中国家主动加入全球服务自由贸易的热情。

2.2.4 服务业跨国投资理论解释

对服务项目跨国企业理论的分析将具体按照跨国企业的传统理论进行,具体体现出两种不同的态度:第一种是针对古典跨国企业理论在服务项目跨国企业上适用度的探讨;第二种是指出当下应该制定出合适的服务项目跨国企业理论,并质疑传统理论在当下的适用度。

(1)以往跨国企业理论对服务业跨国企业的适用性

近年来,服务行业在国民经济当中的重要性越来越突出,世界知名经济学家们正慢慢意识到服务业的作用,并用以往基于传统制造业提出的跨国企业相关理论来观照服务业在当下的适用度。这些经济学家们指出,修正完善后的传统制造业跨国企业理论仍然能够适用于服务业的研究分析。

弗农并没有按照传统思路对理论进行分析,也未详细阐明传统理论在当下服务行业中的适用度,相反,他认为物品的国际转移能够直接被知识的转移替代。因此传统制造业跨国企业的理论也应该能够在服务行业跨国企业上得到相应的适用。学者 Castells M.和 Yuko Aoyama 基于传统"内部化"理论,认为服务业与制造业类似,同样具有内部化中间市场优势。

Castells M.和 Yuko Aoyama 认为,市场不够完善主要是由服务产品购买者在进行服务消费时的不确定性造成的,这种不完善会提高相应的交易成本。[①] 因此,企业为降低成本、扩大收益必然需要选择将资本转移至海外市场。同时,学者 Dimning 在自己的文章《跨国公司与服务增长:一些概念和理论的阐述》中把自己曾经基于于制造业生产提出的全球生产折中理论的基本架构运用于服务领域,对服务类跨国企业市场运作的相关概念与理论问题进行了说明。他认为全球生产折中范式的基本架构依然能够在服务性跨国企业上适用。除此之外,Dimning 还在框架内对服务行业具备的内部化优势、所有权优势以及

---

① CASTELLS M, YUKO AOYAMA. Path towards the informational society: employment structure in G-7 countries, 1920－1990[J]. International Labor Review, 1994, 133(1), No.1.

区位优势在实际市场行为的体现做出了详细的说明,同时,对于部分特殊服务行业直接在境外进行资本投注所必备的优势进行了举例论证。另外,他指出不同国家服务类型的公司在价值生产链中的任何环节都能够获得相应的世界规模经济。一般来说,这一理论依据相对系统,比以往的理论体系更加完善。另外,学者 Verbeke 与 Campbeu 也提出世界上任何国家的服务型公司都可以因参与全球营销贸易而获得相应的规模经济。

毫无疑问,不论是学界还是业界,都有大多数人认为基于传统制造业的理论体系依然能够适用于服务业跨国企业的生产与贸易行为。因此,完全没有必要再花人力物力去构建一套全新的理论来观照服务业在世界范围内的发展壮大。这些学者认为,即便出现一些不符合实际的问题,也只需要对跨国服务的关键特征进行分析,而不需要对服务业的整体流程进行考察;同时,由于服务型公司在全球范围内的发展动因基本和制造业类似,因此,服务业与传统制造业在原因与理论基础上也存在很大的吻合度,也就是说,传统制造业跨国企业的理论体系在服务领域也能够被使用。

此外,近年来的境外旅游产业、热带香蕉出口贸易与广告业的发展、海外银行业务发展等非制造型行业大都立足原始的跨国企业理论。特别是学者 Rugaman 对银行业务的论述,很好地反映出传统跨国企业理论在服务领域的适用度。Rugaman 通过对银行业的观察,将传统理论中内部化优势在服务领域的适用度重新进行了分析,他指出,世界金融市场的不完全性对服务行业的影响较小,以跨国银行为例,其只需要开发出内部市场就能够很好地解决这一问题。另外,学者 Yannopoulos 等人同样也对境外银行进行了具体的研究总结,这一研究结论再次对邓宁提出的全球生产折中理论的合理性进行了,验证结果显示,服务型跨国企业的商业活动仍然可以用以往基于制造业跨国生产贸易的理论框架。

(2)对以往跨国企业理论适用度的讨论

与传统制造业相比,服务领域的全球发展有其独到之处:首先,服务领域的跨国经营方式、策略以及资本投注的范围等在大部分情况下都被当地政府严格限制;其次,为减少由语言和文化差异造成的不便,服务型跨国企业必须向当地提供适用范围更广的服务；再次，受制于服务的不可分割性，大多数服务的生产与消费环节无法分离，这种空间限制导致企业总部必须在当地拥有代理或加盟组织。所以，服务行业在全球范围内越做越大，服务业跨国企业理论体系越来越完善，相应地，对于传统制造业跨国理论在服务行业上的适用度也遭到更多学者的质疑。

尽管学者 Boddewyn 在 1986 年曾提到服务型跨国企业在定义、类别划分、评估与对比、阐述与识别等层面出现的一系列问题并不足以说明传统理论的落后，同时也没有必要就以上问题而建立新的理论体系，但这种阐述的背景有相当一部分要归结到部分专家在其研究中把服务型企业从跨国性企业的序列当中分离出来的状况。Boddewyn 曾在 1989 年利用主流理论对服务型跨国企业的活动进行考察，发现服务产品自身的特殊性将导致部分问题的产生，比方说容易违背理论前提的假设、在评估服务行业特殊优势时存在难度等，他提出必须对以上问题进行更深入的研究。

Enderwick 在 1989 年也提到使用邓宁理论来观照服务领域时应尽量规避一些问题，比方说在服务领域大多数机构在技术层面较为单一，因此很难明晰公司的特定优势；再比如企业进行海外经营时的非股权方式（如服务行业大面积使用特许经营、许可证以及管理合同等），以上基于市场交换行为的经营策略对于跨国企业理论当中的内部化作用具有很大的意义。1993 年，学者 Seev Hirsch 对服务行业与服务导向型产品的世界流通行为进行了具体研究，并认为这一流通过程中产品生产方与服务供应方的接入与运作活动由服务行业的特性决定，所以必须对针对服务的理论范式进行独立研究。国内学者杨飞、薛求知也曾就跨国银行的管理模式进行研究，结果表明 Rugman 对内部化理论的阐述并不能作为跨国银行的一般性理论。

（3）实践性检验

针对学术界出现的基于制造型跨国企业理论在新兴服务行业上是否能够适用的争议，20 世纪 90 年代一大批学者立足服务型跨国企业的实际活动对制造型跨国企业理论在新兴服务领域上的适用度进行了具体分析论证，同时这一举措也是对质疑传统理论的学者做出的回应。

学者 Stephen Guisinger 与 Jiatao O.在具体研究方面做出了巨大贡献。二者在 1992 年撰写了名为《服务业跨国公司的全球化：以日本、西欧和北美为例》的研究论文,详细分析了日本、西欧以及北美地区 1976 年到 1980 年的 8 个服务产业的 158 家大型服务型跨国企业以及 1980 年至 1986 年的 9 个服务产业的 168 家大型服务类跨国企业,并通过邓宁的折中范式、内部优势理论、垄断优势理论对地域文化差距和服务行业在本国的竞争力策略进行了深入的研究,并对影响服务型跨国企业在海外投资选择的七大因素(企业承接国的市场前景、在项目承接国的总部商务活动、服务企业在发包国与承接国之间的文化区隔、项目承接国对于外资的接受程度、服务企业本身的市场竞争力、项目承接国的国际垄断优势以及服务行业的规模)进行了分析。此外,他们还总结对比了各个国家的服务型跨国企业的全球扩展活动的具体差异。研究发现,发达国家的服务产业对外投资行为和文化距离成负相关关系,和承接国市场容量、对外资的接受程度、服务行业本身的全球竞争力、国际垄断优势、服务业增长的速度成正相关关系,并观察到日本及欧美大部分服务型跨国企业在境外的资本投资都把"服务承接国当地客户和其他外国客户"当作目标来展开,同时没必要建立独立的理论体系来对服务行业在境外的投资活动进行说明,且要重点考量的因素包括政府管制、本地响应和适应、跟随顾客。他们还提出将来的研究必须注意到服务行业的不可贸易因素。

经过两年准备,Jiaotao Li 开始对亚太地区的服务业全球性转移进行研究,并撰写《亚太地区服务业跨国公司的国际战略》一文,利用国家发展策略以及跨国公司经营有关的信息对服务型跨国企业全球延伸策略的影响因素进行了具体研究,子项目包括消费者跟随战略、不同地区文化区隔、企业市场垄断、公司发展规模、世界经验等变量。相对于其他经济贸易区而言,亚太地区经济涨幅明显,且这一趋势还在延续。人口密集,市场需求量大,随着经济的发展相应的配套基础设施建设也逐步完善,贸易量巨大,拥有较丰富的可利用自然资源,同时,作为新兴发展的商贸区,其独特的区位优势有利于招揽人才。

但整体来看,目前学界针对服务型跨国企业的理论分析尚不明确,大多数研究案例都只局限于将原有的制造业跨国企业理论模式运用到服务行业当中,再总结特点与效用,以此来检验传统理论在新兴服务领域的适用度。这一研究路径解决的是"是否有必要重新构建一套完备的理论机制来探讨服务型跨国企业的相关问题"。从这一不确定性出发,服务型跨国企业的研究领域还算是处女地,这也给后来学者的理论贡献留出巨大空间。

以上针对服务型跨国企业进行的研究均属于纵向研究分析,这一方面的发展也产生了一定的研究瓶颈。因此,后期学者们开始对不同类型的服务型跨国企业进行横向的探讨。Dimning 基于全球生产折中范式的角度,对酒店行业的跨国企业规模、结构和发展模式进行观照。Charles R. Kindleberge 对海上物流行为的多国所有权展开了调查。Terpstra、Vern 和 Chwo-Ming Yu 通过对区位优势的分析来说明美国广告传媒领域的直接投资,这些因素主要包括项目承接国的市场容量、项目发包方与承接方两国之间的地理毗邻优势、行业发展的规模、公司对全球运营的经验累积、企业的市场垄断优势等。同时,也有一部分专家对服务型跨国企业在扩张的不同时期的跨境发展情况进行了深入研究。

此外,Contractor 等学者还专门分析了服务型跨国企业网络节点的跨境问题。研究通过采集 103 家服务型跨国企业数据作为研究样本,对服务型公司的跨境阶段和绩效考核之间的关系进行了阐述,并提出了跨国扩张的三个时期理论与 S 形假设(图 2.1),最后利用 11 家服务企业来检验理论的可靠性。

Contractor 指出,在开始阶段,这些服务型跨国企业的学习成本与企业规模还不占优势,因此公司业绩较少;发展到中期阶段,企业发展资源持续积累与合理开发利用,交易成本内部化及产品生命周期的延长利于形成规模效益,生产成本逐渐下降,公司业绩稳步上升;到了较高的跨境阶段时,两地的文化区隔会造成市场异质,相应的协调成本会有所提高,市场的进一步拓展计划会造成公司业绩的迅速回落。

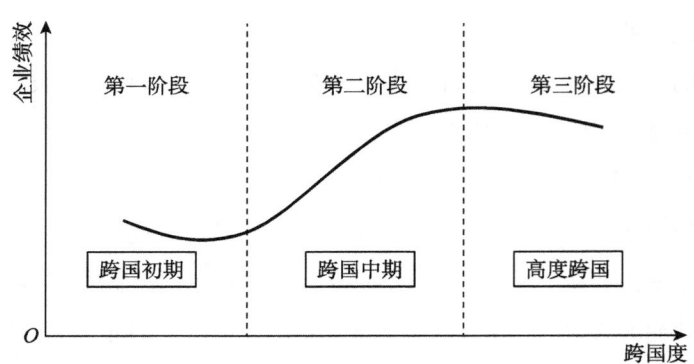

图 2.1　Contractor 等的跨国公司的三阶段理论（S 形模型）

学者 Kenneth K. Boyer 和 John R. Olson 提出,诸如审计咨询、法律、信息服务等大多数服务行业,所需起始资本投入较少,一般只包括配套的办公场所以及符合生产要求的生产设备,对于投资模式的选择更多只看重政府政策等一些对市场准入造成影响的部分。实际上,服务型跨国企业所用的投资方式还会受政府干预手段的类型与干预程度的制约。最近几年,服务行业在全球范围内的拓展引发了学术界的特别关注,同时,学者们也开始投入对服务型企业发展全球化流程的各个方面的研究。但是,即便各个国家的跨国公司持续制定国际发展策略,对于服务型公司的全球化发展策略的研究仍然停留在演进时期。

过去立足全球化层面对服务行业展开的分析大多基于以下三个层面:针对服务领域海外直接资本注入的区位动因研究、服务领域的第三方市场进入方式的分析、各个国家服务行业的寻求战略层面。

针对本研究所整理的参考文献进行系统述评如下:

第一,以往的跨国企业发展理论大多只局限于对一个国家的跨国公司海外直接投资的不同原因进行分析总结,同时对跨国公司进行境外生产经营的水平以及发展倾向的影响动因进行划分与界定。对服务型跨国企业的研究,大部分则基于传统的跨国企业理论来观照服务型跨国企业在海外拓展方式的选择等层面,并以此来对传统理论的适用度进行验证,或者是直接拿某一实在的服务型跨国企业的海外发展实践作为案例;基于服务领域在实际层面发展较为落后的状况,对服务业的研究,特别是对服务业海外直接注入资本以及商贸行为的研究最早可追溯至1986年把服务业纳入多边贸易谈判的乌拉圭回合,这在当时就出现了丰富的对服务型跨国企业以及这些企业在海外直接注入资本的案例与文献,并对服务型跨国企业的特点与影响动因进行研究分析,同时还比较了制造业与服务业在某些层面的异同。由于跨国公司的对外直接资本投注在当时只能代表一种特定形式的商贸活动,因此当时大部分研究都仅是针对服务贸易的普遍性阐述与分析,这种分析对一些特殊的服务型跨国企业的经营战略所做的结合对比分析相对不够完善。一直到20世纪90年代,在理论研究、实证分析以及一些政策导向上的分析总结才比较完善,同时也给服务型跨国企业的后续研究提供了一个新的视角。

第二,将研究对象从宏观领域细化到特定服务行业来看,目前对以银行业为主的金融性企业以及酒店服务行业的全球性发展的研究较为系统和翔实,但对于别的行业仍然缺乏有效的整体性研究。所以不难发现,目前对整个服务领域,特别是在服务型跨国企业的研究层面,还未能从更微观、具体的层面进行分析,仍处在研究的外围。因此对于服务型跨国企业的具体发展规划、路径选择与问题解决方案,还缺乏有效经验参考,从另一方面讲,这也为学者进行下一步的研究留下广大空间。

第三,从服务型跨国企业的地理位置来看,目前还没有出现关于中国市场上的服务型跨国企业发展实际案例的理论研究。尽管全球范围内以中国作为发包国的服务型跨国企业不论在规模还是数量上都非常少,但近几年来中国经济快速发展,已经有一大批海外资本主导的服务型跨国企业在市场上跃跃欲试,这些企业在中国市场上所进行的贸易或生产行为也迫切需要理论来指导。

2.3 服务外包理论解释

一直以来,世界范围内的服务外包市场发展稳步提高,因此也引发了大量国外经济学家投入这一领域的研究,他们分别在理论与实际发展状况层面对服务外包做出了不同程度的分析与阐述。

2.3.1 国外服务外包文献综述

国外一大批学者立足于经济学视域对服务外包的动力因子以及服务外包对生产率和就业率产生的影响进行了深入探讨。Shailey Dash 采取世界贸易中常用的 HO 模型理论框架具体分析了美国的服务外包,并指出了媒体和美国工人之所以拒绝服务外包的具体原因。学者 Shailey Dash 在 2006 年曾指出,一个国家的熟练劳动力的绝对规模决定了该国的劳动力成本优势,这一优势并不取决于熟练劳动力的相对占比,比方说尽管在中国和印度高等教育培养出的人才数量在受教育的人口总数中占比较低,但两国熟练人力资本的绝对数量在全世界仅比美国更低,从这一对比可以看出,中国和印度的熟练人力工资成本比较低,这一人力成本优势也是美国会把本国服务业转移至这两个国家的重要动因。本研究最后的实证分析也可以更加深入地证明劳动力资本基数很大程度上能够决定服务出口。

Bardhan 指出,美国整体经济构成和服务业所具有的职业及工作可以被转移的特点互相匹配。他提到,服务业离岸外包将会对约 1400 万的白领职业岗位或 11% 的就业者产生影响。Hanley 与 Gorg 具体研究了爱尔兰 1990 年到 1995 年的服务业离岸数据,指出服务项目的外包会对电子领域的生产力造成正向影响;另外,他们还指出同阶段实体商品的外包对产品生产力造成的影响较不明显。Gorg 与 Girma 提出,1980 年到 1992 年,英国服务项目的离岸外包给生产力以及全要素生产力造成的影响都是积极的,但 Gorg 与 Girma 的研究并未将国内与海外外包区分开进行讨论。

Mann 具体分析了美国的 IT 行业,他认为世界经济一体化特别是 IT 硬件的全球外包造成这种产品售价降低了 10 到 30 个百分点。与 IT 硬件外包所产生的影响类似,Mann 指出,IT 软件如果利用服务业全球外包的方式,那么对经济发展造成的影响也是正向的。倘若 IT 软件的市场售价弹性要高于 IT 硬件的市场售价弹性,那么选择把 IT 软件离岸外包就能够获得更多的利润。最后 Mann 提到,在 IT 领域,劳动力的就业率也持续上升,因此服务业离岸外包并不会对外包机构的就业情况造成负面影响。学者 Shang Jin Wei 与 Ainiti 具体研究了不同国家的服务离岸外包活动,研究显示,在以美国为主的大部分发达国家中,服务内包数量远远多于外包行为,企业内部机构的工作岗位提升与服务外包行为并未构成负相关关系,同时服务外包造成的工作岗位减少很大程度上能够由本部门所提供的新的就业机会来弥补,这样一来服务外包给劳动力就业与收入差异化造成的影响也会大大减少。

同时期开始着手研究服务外包与就业情况之间关系的还包括部分管理咨询单位。比如,Mckinsey 对 2003—2015 年由于服务外包而导致的失业数量进行了预估,另外,他还对外包接包方与外包发包方之间收益分配做出了预算,同时撰写了预测报告。Forrester 在 2002 年所做的调查报告显示,截至 2011 年,服务业离岸外包可能造成美国减少近 330 万个工作岗位。Mckinsey 也对服务离岸外包做过具体研究,他认为将有 11% 的在职人员会受到服务离岸外包的影响。

Jacques H. Trienekens(2001)立足于产品价值链视域对不同企业间产品供应链进行统一管理的必要性做出了深入的研究分析,以及如何提高供应链整体的价值增值幅度、如何增加供应链的市场竞争优势。20 世纪 80 年代中期企业间形成的供应链管理观念体现了公司管理重心由内向外转变的发展经历,关注并重视不同企业联动管理是供应链管理的本质要义。

以是观之,服务外包属于供应链管理的一个重要部分及实现手段,主要体现为:第一,对产品供应链进行管理特别重视资源在供应链上的合理配置,同时这也是发包国将服务项目进行外包的基础原因,换句话说,就是把生产业务转移到规模更大、成本更低、技术更先进的地区或厂家,使得供应链整体效率得到提高。第二,对生产供应链进行管理还要结合不同企业之间互相合作来协调整个供应链,这一特点恰好适应了服务外包管理模式的本质。

Gurbaxani 与 Diromualdo 经过研究把服务外包的战略目的划分成三种不同类型:一种是为减少生产成本、增加 IT 资源的效率;第二种是为增加 IT 给公司绩效带来的贡献;第三种是把以新技术为核心的产品或服务通过市场上和技术挂钩的资产来进行开发与销售。Christinacosta 指出减少生产成本、获取先进技术、提高企业市场竞争力是将服务进行离岸外包的主要原因。

学者 Mann、Bardhan 和 Kroll 等人提出,服务业务的离岸外包和传统制造业业务外包的区别主要表现在四个方面,分别是:第一,与制造业相比,服务业务的外包对于空间、资源以及配套设施上的要求较为简便,同时这也是服务业务外包比制造业离岸外包速度更快的原因;第二,可被交易的服务外包活动能够不同程度地对不同类型企业造成影响,所以服务项目的外包相比制造业外包产生的影响不论在空间上还是时间上都更加广泛;第三,相对而言,制造行业的外包对蓝领劳动者的影响较大,而服务离岸外包受影响的大部分属于白领阶层,服务行业大多属于技术导向型企业,它的离岸外包以及导致的后续影响提高了社会对发达国家白领阶层就业状况的跟进;第四,相较于制造业的外包行为,服务业务外包的资本集中度与沉没成本都较低,因此技术密集程度较低的服务业务外包要更加自由。

Chandrashekar 与 Alien 曾从不同方面总结了制造业外包和服务业外包的区别,如表 2.1 所示。

表 2.1 制造业外包和服务业外包的区别

项目	制造业	服务业
外包期望	简洁,以工业标准为准	通常不简洁,宽泛的定义,而且有很多里外的情形
质量	强调目标和可衡量的标准	一些客观和主观,以及基于认知的标准
联系点	少,只在少数人之间沟通,例如采购或项目经理	多,服务提供商常常和项目经理直接与最终用户互动
主体企业和契约设施间的物质分离性	通常与主体企业分离,可以使用任何契约商,甚至上是国际上的,这样可以减少成本等	分离通常比较困难,因为许多服务必须在主体企业提供,而且不能被储藏
需求预测	依赖于最终顾客需求预测的精确性	既依赖于内部的优先性,也依赖于外部需求,而且都是动态变化的
外包内容	外包部分是被消费的物品的直接功能部件,这样成本很容易确定	外包内容需随情景而定,需要监管和考察
信息安全性	只与契约商共享需要被知道的信息	与契约商共享大量可信的信息

续表

项目	制造业	服务业
争议解决	正规程序,明确的责任	很难创造出一个清晰的过程,因为问题往往出现在人与人之间或不明确的期望上;问题解决需要非常灵活
更换契约商	如果精心规划,更换契约商不会对供应有显著影响;可以保留存货以应付变化	更换是可见的,需要更多的沟通来使问题最小化;争议往往是不可避免的,因为服务不能被储存,新的契约工作者要进入工作

资料来源:Alien S. and Chandrashekar A. Outsourcing Services: The contract is just the beginning[J]. Business Horizons,2000:25-34。

目前与生产性服务业务离岸外包的区位影响相关的实证研究仍较缺乏。出于研究服务项目发包方对项目接包方选择因素的考虑,Helpman 与 Grossman 专门构建了一套用于两个国家和两个行业间的均衡模型,也就是一个国家的市场规模、基建和技术条件;邓宁的全球生产折中理论认为,接包方的区位优势基本得益于地理位置与集聚效应以及接包方所在国的政府优惠政策。

经过以上对服务外包行为的文献综述,不难看出服务外包研究在国外发展趋势非常迅猛,外国学者在服务外包方面所做研究也非常具体完善,他们对服务外包行为做了大规模的实证研究与案例分析,建立了一套完备的研究模型、理论框架与研究路径,在理论与实际操作层面给服务外包行为提供了合理的见解。但现有研究同样存在许多缺陷,例如研究并未对服务外包行为和有关经济及管理理论的内在联系进行具体阐述,同时还没有建立完备、合理、明确的服务外包系统。尽管大部分学者都具体研究过服务外包项目的管理和经营阶段,但还没有建成一个规范系统的外包经营和管理架构。

2.3.2 国内服务外包文献综述

我国在服务外包层面的研究还属于起步阶段,研究主要涉及对概念界定、走向分析、影响因素及对国外研究的简单介绍等。

(1)服务业务外包的动因

荆林波立足于"降低成本假说"开始对外包服务的基本状况进行分析,考察了以下三个方面:一是导致外包服务形成的动因;二是外包能够产生的效益;三是外包是否会造成企业核心竞争力的缺失。以上分析对于外界对服务业务外包的普遍误解有一定的解释作用;同时他还指出一些具有思考意义的问题,力求能够引起学界对外包服务的重视,特别是对信息技术外包服务上存在的问题进行讨论。

陈菲曾对美国服务外包做出具体研究,他通过实证研究,按照投入产出比以及有关信息对服务外包行为的推动原因、对服务外包行为产生作用的外部因素进行效力分析,同时还预测了服务外包行为的整体趋势,全面系统地分析并阐述了服务外包行为潜在的变动机制。她认为通信技术的发展、世界经济一体化程度、市场格局变化的趋势、生产投入的总成本、人均GDP等因素和服务外包的发展程度之间呈现出明显的正相关关系,以上因素对服务外包行为的影响程度各不相同,从低到高依次为:通信技术的提高以及世界经济一体化、生产国际化程度、商贸国际化程度、生产总投资、R&D经费支出、人均GDP。最后她认为,伴随国民生产总值的提高,服务外包的数量和规模也会随之增长,这一过程分为不同阶段,起步阶段速度较快,中期保持上升趋势减缓,后期渐趋平稳。陈菲把服务外包发展的推动因素划分成外部与内部双重动力。① 内部推动力主要来自两个方面:一是利用服务外包控制生产成本,同时通过承接国的相对优势来增加公司绩效;二是利用服务外包将部分工序转移,以便母国集中优势资源打造核心竞争力,最终增加公司利润。外因则具体涉及技术层面、经济层面、市场层面。

甄炳禧对世界经济一体化局面下生产性服务离岸外包的状况进行了系统的总结,并对其发展前景进行了展望,同时对生产性服务离岸外包形成的原因及后续造成的影响展开了探讨。

张芬霞等学者也对服务离岸外包的演进趋势进行了总结,它提到印度与中国已经成为国际范围内离岸外包项目最大的承接国;同时离岸外包的主要对象瞄准了以技术为导向且附加值高的企业及业务;离岸外包的发展对发展中国家提出新的要求,例如把业务流程外包的范畴逐步扩大升级,对外资的准入门槛进行下调;在离岸外包业务的总体份额中,IT行业占比最高。这些学者对离岸

---

① 顾乃华,毕斗斗,任旺兵.生产服务业与制造业互动发展:文献综述[J].经济学家,2006,9.

外包形成的因素进行了总结,分别包括经济因素、政府政策因素和技术因素。

王莹与邹全胜两位学者率先从两个阶段博弈法入手,基于理论角度对境外服务外包行为的可取性与潜在划分的边界进行了探讨;接着立足于最近几年全球市场上的服务外包行为进行经验总结,以阐述研究涉及问题的意义。王莹与邹全胜认为,随着技术水平持续提高、全球服务贸易水平的进一步发展、国际分工更加细化,服务领域未来会进一步跳脱出以往一体化生产模式的框架进而转变成以外包为主的一体化境外生产经营模式。

杨圣明提出,作为一种新的加工贸易模式。服务外包的起源与快速发展不仅得益于全球产业重新布局,从意义上说,它对全球产业布局的优化也起到非常关键的推动作用。全球服务外包市场竞争激烈。对中国而言,这既是机遇,也是挑战。林毅夫指出,对大品牌企业而言,将部分服务业务外包能够减少固定资本的注入。只有当这种综合效用使发包方愿意把服务外包且承包方愿意接包时,离岸服务才能随之进行。

(2) 服务外包走向与中国对策

李子慧、李志强分析总结了关于印度和美国在服务外包方面的主要争论,同时在宏观上预测了生产性服务离岸外包在未来的发展走向,最后对我国接受服务外包带来的发展机遇与挑战进行了分析和阐述。

来有为认为,世界服务行业利用业务外包、离岸化以及海外资本直接注入等方法将服务发包至中国,正导致服务业变成我国新的招商引资热点。邢厚媛、詹晓宁纵观近几年的服务外包走向,大胆预测了未来服务外包的战略方向,并就服务外包给承接国带来的影响,以及我国发展服务外包的策略进行了总结分析。

陈菲指出,20世纪90年代之后,将服务发包至东道国有利于企业提高专业技术,吸收有效人才、降低生产成本、提升市场竞争优势,同时对服务外包促成的两面关系,即生产与购买方关系所出现的发展趋势进行了分析总结。

徐琳和张磊也分别研究了服务外包贸易的定义、特点与战略方向,并对我国发展服务外包贸易进行了分析,最后提出一些建议。

(3) 服务外包的效应

陈景华和刘庆林通过传统制造业外包的理论模型分析了服务业外包的福利效应,分析指出:服务业外包并不会对发达国家的就业状况产生很大的负面作用,长远来看,服务外包将有利于发达国家对科技从业人员的相对需求。服务外包既能够使服务发包方获得相应利益,又能够促进接包方的经济增长与福利提高。因此,服务外包是一种双赢的结果。

廉凯和刘庆林对印度承接服务外包后产业布局发生的变化进行了研究分析,研究表明:按照不同的产业结构理论进行分析可以得出不同的结果,即:按照以往制造业理论来分析,发现印度作为服务接包方其产业布局得到明显优化;根据横向产业结构理论来分析,则发现印度作为服务业外包的承接国从宏观上看其产业结构并未得到根本性转变,也没有产生太大的优化整合效果。造成不同分析结论的原因主要有两个方面:一是受印度自身经济实际发展水平的限制,二是产业结构理论的适用度问题。最后,廉凯和刘庆林还就印度承接服务的经验对我国企业承接世界服务业转移的实践进行了深入探讨。

(4)对国内外研究的整体评价

伴随着服务行业在全球范围内的迅速转移,大量关于服务外包成因和战略方向的研究文献也汗牛充栋,但目前现有资料显示,在服务外包方面的研究大部分仅停留在介绍现象层面以及对成因与趋势的普遍性分析,更深入的理论研究还比较匮乏,甚至对服务外包的现象层面研究也未能形成统一的论断,学者们各执一词,比如萨缪尔森与巴格瓦蒂两位经济学家,他们在对美国服务外包在就业层面所带来的影响就分别持有截然相反的论断。我国学者对服务外包的研究也仅着眼于目前接受服务外包的现状来提出相应建议,研究意义有限。

2.4 分工理论

2.4.1 生产性服务业与制造业的关联

(1)社会分工的演进

参照社会发展的历史脉络,可以将社会发展划分为三个不同的分工阶段:分别是早期农业和畜牧业分离的社会大分工阶段;第二次社会大分工是农业和手工业分离的社会大分工阶段;第三次是手工业和商贸分离的社会大分工阶段。同时,目前全球正处于第四次社会大分工阶段。[①] 商业贸易在社会第三次分工之后发展速度加快,随着工业革命的深化,社会工业发展进程加快,社会形态发展至工业经济形态,经济增长主要依靠制造业来拉动,同时制造业和商业贸易的快速发展也推动了服务领域的产生与发展。从工业经济形态开始算起,社会分工进一步细化,由此导致的社会经济形态也进一步细化。例如,仅工业社会就可再细分成前工业经济社会、工业经济社会以及后工业经济社会三种不同的经济形态。

前工业经济时代指的是社会生产力水平较低,社会经济形态以农林牧渔以及开采为主的消耗自然资源的经济机构组成,生产机械化水平低。随后工业经济社会生产力水平得到提高、机械化水平提高,传统的农业、手工业生产被工厂机械化生产所代替,社会生产力水平得到很大的上升,主要经济部门由以农业为主的第一产业向以制造业为主的第二产业转变。工业社会进一步发展成为后工业经济时代,其核心变量是知识与信息,社会起主导作用的经济部门是以加工为代表的第二产业和以服务为基准的第三产业,同时第四、第五产业也随之兴起,例如物流运输、公共福利、商贸服务、金融理财、健康保险、地产建筑、卫生与社区、科技研发设计等。

伴随着第三次社会分工的开始,服务领域的发展便如沐春风,但进一步发展却在后工业经济时代。从阶段上看,后工业经济属于工业经济和服务经济的过渡阶段,因此,它同时具备了工业时代的发展特点和服务时代的经济特征。工业在社会经济增长中的主导地位仍然没变,但社会经济发展的动力却偏向多元,同时作为经济发展的新兴增长点,服务领域对社会经济提高的贡献率一直在上涨。按照行业对服务经济时代的定义,只有当服务成为社会经济增长的唯一动力源,同时服务业创收占 GDP 总值突破一半才能称之为服务经济时代。近几年在发达国家的 GDP 总值中服务业的占比已经完成半数的突破,特别是美国,其 GDP 总值中服务业的占比已经接近 70 个百分点,服务业已经变成主导美国社会经济发展的核心产业。

[①] 沈华夏,殷凤.制造业与生产性服务业互动不平衡性[J].国际经贸探索,2019,35(3):54-69.

(2)生产性服务业与制造业的关系

近几年跨国公司的发展规模不断拓展,世界市场竞争越发激烈,公司内部的服务业务进一步分化,由此导致专业的生产性服务行业被独立出来,并不断外部化。本质上说,生产性服务业的独立是制造型公司把一部分原本属于内部供应的服务拆开垂直分解进行外部化生产,把产品研发设计、运输、采购等流程分配到生产性服务公司。公司再把内部的非核心业务分配至专业的服务企业,这样一来制造型企业能够集中优势打造核心竞争力,另一方面也促进了生产性服务行业的壮大。

立足于生产性服务行业自身角度来观照其发展,由于生产组织模式出现变化,例如企业更多采用弹性生产方式来完成生产,以及专业分工的进一步细化,制造型公司为了打造企业核心竞争力,就必然要拆分价值链,这些企业会把一些基础生产行为以及价值链当中的支持活动都通过外包的形式转移,所涉及的业务范围很广,具体包括人力资源方面、产品研发方面、采购方面、仓储物流方面以及售后服务等。业务一旦被转移出去随之就能够形成不同的独立性产业,这些产业不仅能够给消费者带来专业化的服务,还能够切实完善自身的业务水平,另外,外包还会导致社会分工进一步细化,服务供应的必要成本持续减少,并逐步形成规模经济与知识学习效应,这些由外包带来的利益又能够反过来促进制造型公司进一步把业务外包出去。因此,生产性服务行业又可以得到进一步的发展壮大,进而又推动制造业企业将更多业务进行外部化,这种循环效应对生产性服务行业的扩张起到的促进作用将是持续性的。

按照传统经济学理论来分析,生产性服务行业的起源与扩张得益于成本优势下的专业分工及进一步细化,还有公司业务外包的推进。假设把公司看成一个生产函数,如果想要产出更多的商品以及相应的服务,公司必须组织人力、技术、资金与管理等多种要素才行。另外,公司还要尽量使成本最优,换句话说就是以生产的成本优势来换取市场竞争优势。①

在实际生产环节,不同生产要素的"做"与"买"工序究竟是在企业内部完成生产还是由外部市场买进这都必须由公司决定,同时,这一决定与公司的成本架构、生产方式、组织结构和区位选择息息相关。站在公司的立场考虑,这种决

---

① 庞瑞芝,邓忠奇.服务业生产率真的低吗?[J].经济研究,2014(12).

定需要考虑最优值,倘若外部市场可以效率完成公司需要且生产成本更低,那么这一行为就可以采用外部生产来实现;倘若公司内部就可以寻求最优计划实现,就不用由外部机构来供应。

科斯曾在著作《企业的性质》理念对公司与市场的边界进行了深入的分析,同时还引进交易费用概念,来阐述公司内部与外部化的行为,他指出,社会经济分工的进一步细化,会造成制造方与服务供应方之间的交易规模的不断扩大,劳动分工的边际效应比交易费用的边际增长更大,劳动分工就会不断深化,并且能够推动制造业生产效率的提高。

假设把内部化—外部化的概念引入,不难看出,生产性服务行业的壮大实际上就是内部化—外部化行为特点发生转向的历程。笔者将生产性服务业的发展分成种子期、成长期与成熟期三个阶段(图 2.2)。

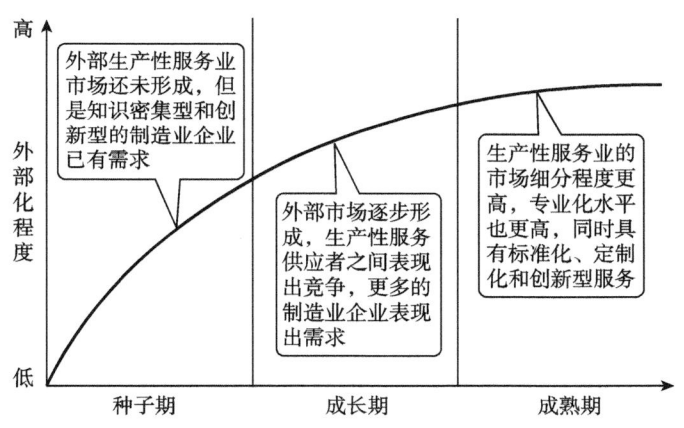

图 2.2 生产性服务业发展阶段

资料来源:吕政.中国生产性服务业发展的战略选择[J].中国工业经济,2006(8).

种子期阶段,制造型公司所要用到的生产性服务大部分由公司自身生产,并未打造一个成型的外部生产性市场,但知识导向型与技术创新型制造公司对生产性服务的需求已经上升到一定值。

发展至成长期阶段后,生产性服务的外部市场建构基本完成,制造型公司的内部行为慢慢转移至外部,外部生产性服务提供方之间的相互竞争也日益激烈。这一时期除了知识导向型与技术导向型制造公司以外,知识掌握度不够、技术创新度较低的制造型公司也开始对生产性服务业产生需求。需要特别注意,在这一时期生产性服务业的发展所体现出的特点可分为两个方面:一方面,发展模式由成本推动;另一方面,发展模式是差异化推动。成本推动模式大部分针对标准性与日常化的生产性服务,差异化推动模式大部分针对知识导向型以及技术创新型生产性服务行业,同时这两种模式在实际过程中并没有严格的界定,且往往能够同时表现出来,进行区分仅出于更好地理解生产性服务行业的发展。

当发展到成熟阶段时,生产性服务行业的分化将会进一步加深,所提供的服务也会更加专业,服务范围将从标准化向创新化与定制化推进。另外,这一时期对生产性服务业的需求将不再有行业限制,即任何行业都能够对其产生必要需求。

以金融理财、仓储物流、移动通讯为主的生产性服务和制造业的联系持续加深,在战略方向上不断联动发展。服务项目的投入在制造业中间投入品内的占比不断增加,服务项目的投入主要涉及人力教育培训、信息获取与咨询、产品研发设计以及售后等环节。另外,制造行业越来越往服务化方向发展。一方面,制造业的产品的生产往往伴随服务的产出,例如信息产品、家电服务;另一方面,服务将与实体商品捆绑销售,例如电子计算机和信息通讯的结合,不但将实体商品供应给消费者,还连同知识与技术一并打包提供;另外,制造型企业内部的技术创新与产品的研发设计将以服务属性为指引,制造型企业的发展越来越倾向于以服务的供应与消费为突破口。事实上制造业向服务化的转变,也会促成服务向产业化方向发展,一部分服务产品能够像实体商品一样被量化产出,并实现规模效应。美国 IBM 于 20 世纪 90 年代从制造业公司向服务类公司转变,这对于解释生产性服务业和制造业相关关系具有很好的示范作用。

Meliciani 和 Guerrieri 两位学者对 20 世纪 70 年代中期以及 90 年代初期的财经、通讯、工商服务业以及相关服务行业的最终需求量、中间需求量与总产值和增长率变化进行了计算。表 2.2 所示数据是法国、丹麦、美国、德国、英国以及日本六国的平均水平。

表 2.2　对制造业和服务业中间及最终需求增长情况

		70年代中期份额	90年代中期份额	差额	增长率
制造业	所有中间需求量	0.2623	0.2132	−0.0492	−0.0167
	所有最终需求量	0.3788	0.3507	−0.0280	−0.0065
	总产出	0.2708	0.2252	−0.0457	−0.0153
生产性服务业	所有中间需求量	0.0622	0.1135	0.0515	0.0512
	所有最终需求量	0.1063	0.1238	0.0172	0.0100
	总产出	0.0840	0.1247	0.0405	0.0320
其他服务业	所有中间需求量	0.0758	0.0790	0.0032	0.0033
	所有最终需求量	0.2162	0.2507	0.0348	0.0112
	总产出	0.1368	0.1555	0.0183	0.0098

注:生产性服务业涉及财经、通信与工商服务业;其他服务业具体为批发与零售贸易、旅游餐饮业、仓储物流业还有社区、社会与个人服务业。

由表 2.2 可知,相对于服务行业的上升趋势,制造业的最终需求、中间需求以及总产值在近年来回落都很明显。同时,不难发现生产性服务行业的中间需求量上升最快;而其他服务行业的最终需求量则相对增长量与增长率优势明显,这一区别恰好是不同类型服务行业在需求性质差异方面的具体表现。另外,在总产值方面,生产性服务行业发展迅速,其在 20 世纪 70 年代中期仅仅只有 8.4% 的占比,发展至 90 年代早期,这一比例已经达到 12.5%,增长超过 4 个百分点,而同阶段其他服务行业的增长不超过 2 个百分点。[①]

(3)生产性服务业推动制造业发展

按照发达国家或地区的生产性服务行业发展的现状,其对于制造行业所起到的影响也体现出一定的变化,一开始服务业只作为制造业的辅助管理,充当的是润滑剂的作用,70 至 90 年代之后,服务行业在推进制造业发展的过程中更多充当以管理支持功能为主的生产力作用,90 年代后,服务领域慢慢向战略导向转变,如表 2.3 所示。

---

① 慕良群,张庆楠.我国装备制造业与生产性服务业网式融合影响因素研究[J].科技进步与对策,2018,35(13):64-71.

表 2.3　生产性服务业在制造行业中所起作用的转变

第一阶段(20世纪50—70年代)辅助管理功能("润滑剂"作用)	第二阶段(20世纪70—90年代)管理支持功能("生产力"作用)	第三阶段(20世纪90年代以来)战略导向功能("推进器"作用)
财务	物流服务	信息技术
存货管理	管理咨询	创新和设计
证券交易	金融服务	供应链管理

资料来源：作者根据李江帆(2004)整理。

第一，生产性服务领域的壮大对于制造业知识与技术水平的上升、弥补资源要素限制具有极大的促进作用。随着制造业国际分工进一步细化以及产业链在全球范围内的扩张，生产过程中任何一道工序产出的价值都比以往大得多，公司的价值增值主要来源于产品研发设计、市场运营等价值链两端的生产性服务行为。得益于生产分工更加专业与精细，制造业的创收进一步提高，在收益总份额当中，服务领域创造的价值占比至少能达到70个百分点，甚至有望突破80个百分点。研发设计、信息咨询与企业管理等生产性服务部门走产学研一体化路径，将生产"内力"与技术"外力"统一规范整理，对公司技术研发水平的提升、资源要素限制的降低以及产业结构整合优化都起到很好的作用。

第二，随着生产性服务业的进一步扩张，产业链成本将得到有效降低，生产分工更加专业精细，一些原本属于公司内部供应的服务现在开始逐步分离，并打包转移至专业服务公司生产。如表2.4所示。

表 2.4　制造业不同类型对生产性服务业需求情况一览

超过平均水平	办公和计算机器 0.1207；非电力机械 0.1018 专业用品 0.1063；纸的生产和印刷 0.1003 工业用化学用品和药品 0.0967；其他制造业 0.0932 电力器械和无线电通信、电视机及通信设备 0.0905
平均水平	船舶制造和修理业 0.0874；橡胶和塑料制品业 0.0842 非金属矿藏产品 0.0860；纺织、服装及皮革 0.0825
低于平均水平	除去船舶制造外的运输 0.0718；食品、饮料和烟草 0.0708 木制品和家具 0.0765；金属制品业 0.0749 非铁金属、铁和钢 0.0471；石油和煤炭制品业 0.0388

注：平均份额是0.084，当比重高于(低于)平均份额加上(减去)1/4倍标准差时，产业被定义为高于(低于)平均水平。

随着服务行业被打包转移,制造型公司将能够集中优势资源打造自身费心竞争力,改进工艺;同时,从外部采购服务属于不同企业间的正向交流,有利于制造型公司向外得到更加精细、更大规模、更高水平的服务产品。另外,移动通信产业、IT产业、仓储运输等生产性服务行业已经变成产业链衔接中不可或缺的桥梁,对于公司内外部各个工序间交易成本的减少、产业链一体化程度的提高将起到很大的促进作用。

第三,随着生产性服务业的逐步壮大,制造业的外向度及产品的出口份额将会随之增加。在促进制造业全球商贸以及国际经济活动当中,生产性服务行业将起到基础与桥梁的作用。在境外交易行为当中,生产性服务需求遍布任意一个环节,具体包括寻求信息、贸易谈判、产品交接、款项支付与制造业全球布局的建构。在技术创新能力较强的制造业实验地搭建过程当中,想要扩张全球市场、扩大商贸规模、增加贸易份额与业务构成,就必须建立稳定快速的仓储物流体系、良好的网络系统以及专业的法务咨询等生产性服务。另外,广告传媒、产品研发设计以及产品运营与销售等生产性服务业的壮大,对制造业产品附加值的提高以及部分产品反倾销风险的控制也起到很大的作用。

2.4.2 生产性服务业专业分工的进一步深化

纵观生产分工演进的历程,分工可分为三个阶段,第一个阶段是不同行业间的简单分工,第二个阶段是不同产品间的进一步分工,第三个阶段是产品内部不同流程、不同功能属性以及不同服务特征的专业化分工。本研究专注于全球生产分工的第三个阶段,对目前生产性服务行业的全球外包与转移进行研究分析。

(1)产品内分工的界定与有关概念

产品内分工是立足于整个生产过程而言的,具体指不同流程、不同环节、不同区段与各个零部件的分工,从生产的地理位置上看,不同分工生产可以在任何不同国家展开,每个国家都发挥其相对优势选择自己具有专业化优势的工序进行生产,最终,不同国家及不同工序都融入统一的价值链。换个角度考虑,产品内分工属于全球生产分工的更加精细阶段,是产品在不同阶段或环节间进行的全球分工,本质上说是对产品生产布局所进行的一种区位选择,这种分工没有地域限制,既包括企业内部完成,也包括将业务外包至第三方或寻求世界范围内的非关联企业来实现。

它的实现途径主要有两种,一种是横向水平拓展,例如发达国家相互之间的产品买卖行为;另一种是纵向垂直开发,例如不同发展时期的国家间进行的产品交易。尽管在以前比较优势理论往往被用来阐述不同产业之间的分工现象,但对于产品内分工而言,这一范式仍然可以使用。① 相对于以往的全球分工以产业为边界,产品价值链才是产品内分工的边界。在产品价值链当中,起主导作用的生产要素不尽相同,按起决定作用的要素来划分,主要有劳动导向环节、资金导向环节、技术导向环节三种,由于要素禀赋的差异,不同国家所具有的相对比较优势也不尽相同,出于要素禀赋差异的考虑,各国对于产品价值链上工序的选择也会有所区别,这也是造成国际分工的一大原因。

利用简单的 2×2 模型能够对产品内分工原理进行解释。先假设存在两个具有差异的国家,甲国具有强大的资本优势,乙国具有丰富的劳动力资源。先设定 X 产品属于资本导向类产品,其生产要经过 x_1、x_2 两道流程才能实现;劳动密集型流程为 x_1,资本密集型流程为 x_2,且剔除服务成本因素。倘若生产流程无法在地理上进行分离,那么 X 产品必须在甲国完成生产才能实现最优;但在产品内分工情况下,从比较优势出发考虑,按照要素密集程度的差异,不同工序必须转移至具备相对优势的国家进行才能实现生产的最优结果,所以乙国将完成 x_1 流程的生产,甲国将完成 x_2 流程的生产,同时,这一产品的终端集装任务也会放在乙国完成,如此才能最大限度减少该商品的生产成本。

但必须区分清楚生产与产品的概念及意义。大多数产品内分工参考文献中对生产的定义仅限于产品的设计与制造,但不涉及产品的市场供应与销售流程。这样一来,研究模型将得到简化,和研究范式与以往的理论能够保持统一,对于生产性服务行业作用的分析将更加简便。一部分学者在对产品进行研究时将产品分成两类:一级与二级产品。一级产品涵盖了资本品与消费品,自己缺乏独立生产与消费功能的中间产品与原材料属于二级产品。还有一些学者

---

① 申明浩,卢小芳.生产性服务业对制造业产业高度的影响研究——基于省级动态面板数据的 GMM 估计[J].国际经贸探索,2016,32(8):26-40.

把产品分成原材料与制作品,后者又可细分成中间产品与终端产品。以上分类尽管着眼点有所区别,但结论基本保持一致,中间产品贸易是产品内分工在市场贸易上的最终体现。

(2)产品内分工研究文献综述

著名学者 Sven W. Ardnt 于 20 世纪 90 年代中后期开始对产品内分工的定义进行开拓性的研究。他认为,产品内分工有利于资源的节约与合理配置,资源节约所带来的好处与科技创新一样重要,都能够增加生产效率、提高产出、推动世界商贸发展、提高社会福利待遇。学者 Ardnt 立足于 2×2 的理论模型,具体研究了产品内分工下优惠贸易协定对全球商贸以及国际投资的影响。他指出,优惠贸易协定打破了一部分贸易壁垒,同时造成贸易双方的生产分工,倘若这一时期中间产品的关税得到减免且终端产品的进口关税保持恒定,那么并不能完全确定国家的福利政策;倘若这一时期中间产品的关税以及终端产品的关税都得到减免,那么国家福利优惠增加的可能性就会大幅度提高。因此,从某种角度上说,当关税不明确时,零部件在全球范围内的自由贸易是否会导致国家福利优惠的增加也无法保证。

Deardorff 曾提出"壁垒说"对产品内分工的起源及后续发展进行阐述。他提到,从技术层面来说产品内分工一直都是可操作性的,现实当中产品内分工遇到的阻碍通常是由于贸易壁垒及关税等政策因素造成的。近年来,随着全球自由贸易程度的加深以及资本自由流动速度的推进,在世界贸易中公司的交易成本得以减少,这将有助于资本要素在全球范围内的流动,同时,服务行业的自由贸易也会导致市场竞争的激烈态势,对产品内分工的进一步壮大而言,以上原因都起到很大的促进作用。

Jones 等学者则提出"技术说",他们指出,产品内分工进一步壮大的原因在于生产技术的持续进步。从成本上看,不同生产工序之间的服务成本是相对固定的,同时有赖于科学技术的提高服务成本会相应减少。所以,尽管产品生产本身的规模报酬保持恒定,只要生产规模不断扩大,那么边际成本也会减少。换句话说,哪怕跨境生产会导致不同工序在联系环节的服务成本出现上涨,但生产一旦形成相应规模,同时分工涉及的国家生产要素成本存在一定区别,这样来看进行产品分工还是能够创造价值的。

学界对于产品内分工为不同国家所带来的福利造成的影响也进行了丰富的研究,其中,Kierzkowski 与 Jones 指出,产品内分工对人力资源发达的发展国家或地区而言是个有利条件,大部分发展中国家受制于技术、资金等的缺陷,在整个生产流程中来看并不具备比较优势,但得益于产品分工的国际背景,这些发展中国家可以充分发挥本国在劳动力方面的优势,参与到生产中以获得利益。此举对发达国家的非熟练工人而言,也并不会导致真实工资率的回落,但这仅出现在人力资源充足的发达国家和地区。

与此同时,Kierzkowski 与 Jones 还立足于新经济地理视域具体研究了产品内分工导致的可能性后果。二者提出零散化属于一个动态的流程,从横向对不同产业展开对比就能够看到产业间不同生产环节存在许多相似的地方。全球商贸与零散化的进一步发展,有可能导致一种新的产业聚集现象出现,即产业各异但功能相同的生产环节将汇聚在一个地方,例如会计事务所接收不同产业的会计工作,电脑芯片除了在电脑上使用,还可以在烤箱、激光设备等地方使用。学者 Deardorff 从全球经济发展的状况来进行考察,他利用现有的贸易利益理论对产品内分工造成的可能性贸易收益进行研究。按照次优理论,产品内分工将提高整个国际范围的福利待遇,但它的影响既有正向也有负面,一部分国家能够从中得到收益,但另一部分国家则可能遭受损失。

产品内分工对一个国家福利制度的影响主要有以下三点:第一,对一个国家的贸易条件造成影响;第二,强化固有的贸易扭曲;第三,改变全球生产布局。倘若一个国家的关税制度存在扭曲成分,那么对于这种扭曲制度或规定的强化所造成的消极后果甚至将大于成本减少带来的收益。

近几年来,我国学界也开始研究产品内分工现象。卢峰认为,作为更加精细、更加专业的一种全球分工形态,一国生产的比较优势是产品内分工的基础,而经济发展所形成的规模效应则是其动力来源,同时他总结出产品内分工强度的四大决定因素,分别是:生产流程中不同环节的空间可分离性;不同生产环节所需要素投入的差异性;不同生产区段的有效规模差异度;在境外完成生产的交易耗资。卢峰指出,产品内分工和产业内分工存在本质上的差异,同时出于对分工和贸易潜在的表里对称关系考虑,他认为产品内贸易与产业内贸易并没有形成必要的交集。

学者田文对此问题的论断与卢峰截然不同,他指出,产业内贸易和产品内贸易二者之间存在必要的联系。他认为产业内贸易和产品内贸易的相互联系在其所出现的产业和贸易走向方面能够得到说明。

国外学者在此问题上进行了一系列实证研究,Feenstra 对美国 1979 年到 1990 年的有效数据进行回归统计,分析显示技术密集型与外包资本产品的投入对非生产型从业者的待遇都会起到一定的作用,相对于外包而言,技术密集型资本产品对员工工资率的作用更高。假设结构变量受其他因素影响,技术密集型资本产品的影响力达到 40 个百分点,而外包资本产品的影响力则高达 75 个百分点,相较于结构变量独立时增长了两倍。Hanson 与 Feenstra 修改了以往的价格回归模型并进行重新阐述,同时他们还在模型中接入结构变量,分别就结构变量独立或不独立两种条件下分析了技术提高与全球贸易对从业者待遇水平的影响。在研究中,以中间投入品的外包来衡量贸易,科技水平的提高则由投入于技术密集型资本产品中的资本来衡量。

学者 Feenstra 把外包拆解成垂直一体化与垂直分离化两个类型,前者立足于激励理论进行研究,后者则利用产权理论来展开分析,实证层面则抽取我国 1997 年到 1999 年的出口加工业有关数据来展开讨论。垂直分离型又可继续细分成两权分离与两权合一两个不同的类型,这里的"两权"指的是投入品的采购权与加工方的所有权。研究发现在我国的加工贸易当中,垂直一体型达到 6.8%,垂直分离型则达到 43.5%,在加工贸易中投入品采购权由境外资本持有、工厂归我国所有的两权分离型在总量中的占比达到 24.8%,因此产权理论得到充分验证。

Alessia Amighini 选取了中国在 1991 年与 2001 年的信息通讯产业的 RCA 指数以及 NET 指数进行研究,同时对我国加入信息通讯产业产品内分工的状况展开了大量的实证研究。研究发现,我国信息通讯产业最直接的优势体现于劳动导向型产品层面,但高技术含量产品以及零部件的生产与发达国家相比仍有较大差距。随着我国技术进步与企业经济的发展,这一差距在慢慢减小。Alessia Amighini 认为,在产品内分工情况中,一个国家并没有参与进整个价值链的生产而仅仅对产品的某些环节进行了生产。因此,产业的 RCA 指数并不能说明问题,但零部件等中间产品的 NET 指数却可以较好地体现这一国家的比较优势。同时 NET 指数还将进口贸易造成的影响引入考虑范围,在一定程度上能够填补 RCA 指数的纰漏,所以要想准确的评估一个国家的比较优势则应当把产业的 RCA 指数与零部件等中间产品的 NET 指数结合在一起分析。

田文还对中间产品贸易的计量口径进行了分析。他比对了 Feenstra 与 Hummels 两位学者不同的产品内分工计量方式,最终他提出计量口径要以 Feenstra 的方式为准,即把一个国家产品内贸易的计量指标应设定为进口贸易的中间投入品。

（3）简要评价

近年来世界上针对产品内分工的实证分析具体涉及产品分工基础的讨论、产贸易模式的制定、贸易利益的获取三个层面。学者们希望能够在现有的产品内分工理论框架中重新阐述全球贸易现象及新出现的问题,一系列研究在主题选定与研究视角上也体现出多样化的趋势,但目前还没有一个统一的研究体系和框架。理论研究基本上从宏观层面出发,对于企业行为的微观考察以及经验数据的支持还比较少。在少量的经验研究当中,研究方法基本上利用回归模型与指数分析,分析方法还需要更加深入的拓展与探讨。

目前学界对产品内分工的分工基础做出的论断并不统一,国内学者卢峰把产品内分工的分工基础定义为一国的比较优势与市场规模效益,这一论断相对而言能够较系统完整地阐明产品内分工产生的动力。在对产品内分工情况进行阐述时应当把 H-O 模型和李嘉图模型互相结合,同时还要考虑在建模时是否需要接入一种新的贸易理论的相关要素,比方说模型构建于不完全竞争的基础上,这在一些特殊状况中往往可以给出更加合理、客观的说明。在决定因素方面,本研究经过文献分析与具体例证,初步拟认为技术水平的提高,特别是信息技术以及物流水平的提高、国家制度层面对投资的准入及贸易的管制对产品内分工都能够起到很大的决定作用。

不同产业之间互相贸易、同产业间贸易以及中间产品贸易三种模式并存是目前全球贸易的基本现状,其中,中间产品的贸易额正慢慢增长。未来,中间产品的贸易份额在全球贸易活动中的份额占比会持续增加,但中间产品的贸易相对于其他行业而言,更容易受科技水平以及国家贸易壁垒等因素的制约。因此,中间产品的贸易只能够在汽车产业、服务行业、信息通信产业以及飞机生产等特殊产业中占据主要地位。在产品内分工贸易所带来的利益方面,不同国家有着不一样的基本国情,因此无法做出统一论断。但能够明确的是,产品内分工有利于生产资源的合理配置以及新兴生产科技的全面扩散,这对于每个国家的福利待遇都会有所提高,但全球产品内分工并不能保证世界上所有国家都能从中得到利益。

2.4.3 全球服务业价值链的形成

生产性服务业的全球转移是在全球生产分工进一步精细化的过程中壮大起来的,全球生产分工的发展历程包括生产服务业的全球范围转移以及全球生产分工的进一步精细,这是同一问题的两个不同方面。以往的世界贸易理论仅立足于静态的比较优势,并不能很好地对全球生产分工体系的发展以及全球贸易布局的演变过程进行阐述。亚当·斯密最早对全球分工演进的普遍规律进行研究,并提出著名的分工理论。

(1) 全球生产分工推动了产业的全球转移

亚当·斯密提出,生产分工的精细与专业化有利于提高生产效率,而生产效率的提高会增加社会总财富;在大多数人眼里,分工是物与物之间进行交易的行为,因此生产分工的水平会对市场规模有一定的制约。亚当·斯密认为,生产分工是促进社会经济增长的唯一原因。20世纪中叶,阿林·扬格在1928年起草的《收益递增与经济进步》一文引起了广泛重视,国内外学者又开始对分工理论展开研究与反思。阿林·杨格在论文里将生产分工受市场规模制约的论断归纳成"斯密定理",并在其理论基础上展开了更深入的研究,他认为薪资提高实际上是由市场规模拓展造成的分工的精细化与专业化程度提高的结果,分工的进一步精细化会促使市场规模往更广阔的方向发展,使得一种分工精细与贸易扩张互为因果的趋势得以形成,后来这一说明被命名为"杨格定理"。该理论方式比以往的商贸理论更加能够清楚地阐述全球分工体系的发展以及世界贸易活动的特点。后世大部分经济学家习惯于把全球分工和世界贸易活动联系起来进行考察的研究路径多半都源自于杨格提出的全球分工变化发展的理论范式。①

生产的全球分工属于生产在世界范围内的拓展,全球生产效率的提高有赖于全球生产分工水平的提高,同时,世界贸易的总量及结构特点也取决于全球生产分工水平。倘若把交易成本设定成零,那么企业就能够根据自己的意向来决定不同的分工水平,但实际上交易成本作为一种客观存在是不可逆的。全球生产分工作为一种特殊的生产组织方式,其水平会受协调分工体系的交易成本制约,同时也会给相应的世界贸易规模的增大造成困难。企业生产技术的持续进步以及贸易壁垒、贸易准入方面的限制进一步减少,市场交易的成本也会相应减少,这对于全球生产分工从产业间分工向产业内分工转变有很大的促进作用,在此基础上产品内分工也会得到进一步发展。世界贸易结构会伴随全球生产分工的深化而深化,生产环节中的任何中间产品都能够实现独立发展并最终实现产业化运营,并成为世界贸易的核心成分,可贸易的产品不论在规模上还是类别上都会扩张和增加。

就目前的全球分工体系而言,产品的生产供应链成分多而杂,同时还受国际贸易市场变化的影响,因此,必须与全球分工的服务体系形成的贸易成本相连接,才能将在全球各地分散的零部件生产进行及时交货,并达到降低成本、提高质量、产品达标等相关要求,同时从全球分工活动中获得有效利益。随着世界经济一体化进程的加深,以及网络通信水平的持续进步,连接全球分工服务体系的交易成本得以极大降低,这给全球生产分工的精细化与专业化发展创造了很好的条件,同时对服务业的内部专业化进程也能起到推动作用。近年来,生产性服务已慢慢发展成一个独立的产业,与其他产品一样,都是全球贸易活动的主要组成部分。得益于全球生产分工的发展与壮大,交易成本被纳入全球生产分工发展过程的研究范围,国内外经济学家对全球生产分工进一步精细化

---

① 唐晓华,张欣钰,李阳.制造业与生产性服务业协同发展对制造效率影响的差异性研究[J].数量经济技术经济研究,2018,35(3):59-77.

与专业化过程中的生产性服务贸易的提高机制的研究取得了突破性进展。

（2）关于生产性服务贸易与全球分工加深的相关研究

20世纪80年代以来，生产性服务在生产、贸易以及经济提高方面所带来的影响逐渐被广泛关注，国内外学者开始对生产性服务业快速发展的动因、全球布局还有生产性服务世界贸易活动等方面进行研究分析，在大部分研究案例中，学者们对生产性服务全球贸易和分工演进的关系都做了具体的阐述，尤其是生产性服务全球贸易对全球生产分工精细与专业化程度的促进作用。

学者Markusen认为，早在世界贸易自由化初期，中间产品的交易份额就已经突破了全球贸易总量的50%，同时生产性服务贸易的增长速度也非常罕见。Markusen立足于规模效应与产品差异化的基点提出生产性服务的自由贸易，同时他认为中间产品与生产性服务贸易对经济发展的作用大于终端产品的交易，更有利于提升分工的专业化水平。

经济学家Francois对生产性服务的专业化水平作用于劳动整体分工水平的影响做出了具体研究，分析表明，当前经济活动以生产性服务为桥梁，进而能够互相补充、互相关联，即生产分工的水平由生产性服务成本构成来决定。另外，Deardorff认为服务自由贸易使得生产性服务的交易成本大大减少，使得生产分工朝更加便捷的方向发展，全球服务性商贸活动不论规模还是类别都得到扩大。在产品和服务的全球分工进一步细化方面，生产性服务也起到关键的推动作用。

Kierzkowski和Jones曾提出著名的"JK模型"，二人指出，不同的生产区段与服务链共同构成整体生产流程，并将各个分工状态下的生产区段所耗成本与生产性服务成本的变化做出了具体的对比，同时对生产性服务作用于分工专业化与精细化的影响也进行了具体分析说明。

虽然每一位经济学家对生产性服务和全球生产分工细化的研究在方法与路径上都存在差异，但在具体的实证研究中也存在以下两个共同点：第一，大多数学者都对亚当·斯密的论断表示赞同，即都认为生产效率的增长得益于世界分工的深化，同时市场规模会对生产分工水平造成一定的制约。另外，这些学者还认为生产分工的进一步专业化与精细化对生产效率的提高将起到很大的推动作用。全球生产分工的进一步发展壮大使得生产与交易成本得到极大程度的减少,生产规模持续拓展、贸易重量逐年增加,反过来又会进一步加快分工进程,并为经济发展形成规模效应提供条件。所以全球生产分工进程的加快是全球经济发展的必然要求。另外,全球生产分工的关键原因在于生产性服务把分散的生产流程融合成一个整体。最后,生产性服务的发展能够提高从业者的薪资待遇及福利,换句话说,随着服务供应量的提高,相应的生产成本会逐渐减少。

2.4.4 生产性服务离岸外包的成本分析

在跨国公司调整战略的过程中,服务具有的不确定性、事先不易衡量等缺点使得服务若以公司内部化方式提供时,服务成本因人力资本配置不经济和道德风险等因素而变得不易控制,且经常出现成本偏高的情况;若想通过加强管理来降低服务环节的成本,则管理成本就会增加,总成本依然不会下降,从而使企业服务内部化陷入"两难"境地。总之,只要服务环节存在于企业内部,企业的运营成本就不会得到有效的控制,其国际竞争力也会遭到一定程度的削弱。因此,企业开始转向外部,即依靠外部市场(即服务外包)来解决服务环节成本偏高的问题。

生产性服务外包非常注重前期的论证,虽然前期交易成本较高,但是生产性服务外包倾向于中长期合约,这就降低了讨价还价的成本、签约成本以及履约期间的监督履约成本,节省了专用性资产的投资、与服务相关的管理成本等方面的开支,还能有效地克服人力资本配置不经济、流动性强以及道德风险等弊病。[①]最重要的是,生产性服务外包以非公司内贸易方式进行能有效地降低企业的运营总成本,提高企业的运营效率,增强企业的国际竞争力,适应企业"归核化"战略的要求。

通过外包来降低成本是企业在选择外包时非常关心的问题。外包的实质是社会分工,而分工会带来规模经济效应,从而降低企业的生产成本;但另一方

---

① 王聪,曹有挥.生产性服务业视角下城市网络的演化模式与机制研究——以长江三角洲为例[J].地理科学,2019,39(2):285-293.

面,外包又会增加企业的交易成本,因此必须从两个方面来考虑外包对成本的影响。

(1)生产成本。生产成本主要指产品生产过程中发生的费用,包括直接材料费、直接人工费和车间部门为组织产品生产发生的各种费用。每个产品的单位生产成本中一部分是随生产规模的扩大而下降的,如厂房、机器等固定资产投入;另一部分是随着生产规模的扩大而上升的,如管理、人力、物流、财务等。具体可体现为如下公式:

平均生产成本 $Y_c=Y_a+Y_b$,Y_a 表示单位固定成本,Y_b 表示单位可变成本。

外包正是企业将部分非核心业务流程或职能外包给专业服务提供商,简化自身的职能结构,从而降低间接生产成本;服务提供商专营该项业务,可以获得规模经济效应,成本更低,从而使企业以更低的价格购买到更为专业的服务。外包对生产成本的影响分析如图 2.3 所示。

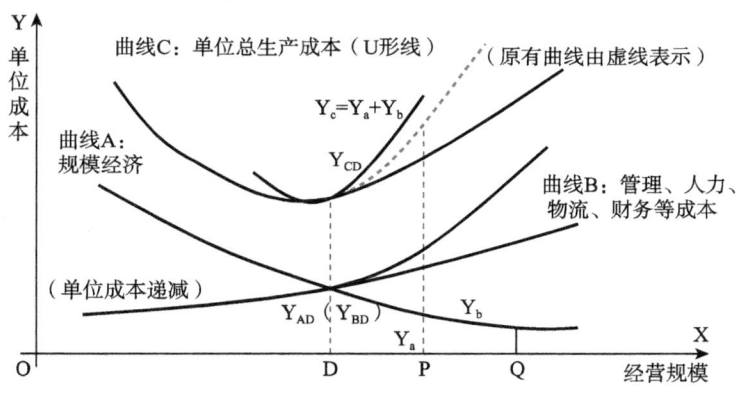

图 2.3 企业外包成本分析

可以发现,通过外包,发包企业的单位生产成本中 Y_b 下降,因而 Y_c 下降。在业务实施过程中,要实现理想效果,还需要经过长时间的磨合。否则,在外包初期,Y_c 曲线可能比原来更高,不降反升,导致外包的失败。

(2)交易成本。交易成本泛指所有为促成交易发生而形成的成本。世界著名交易经济学大师威廉姆森(Williamson,1975)将交易成本区分为以下几项。搜寻成本:商品信息与交易对象信息的搜集。信息成本:取得交易对象信息与和交易对象进行信息交换所需的成本。议价成本:针对契约、价格、品质讨价还价的成本。决策成本:进行相关决策与签订契约所需的内部成本。监督交易进行的成本:监督交易对象是否依照契约内容进行交易的成本,例如追踪产品、监督、验货等;违约成本:违约时所需付出的事后成本。交易的频率、交易的不确定性、交易所需资产的特殊性越低,交易成本就越低,只有当外包所产生的交易成本小于内部生产成本与外部生产成本之差时,进行外包才能真正降低成本。① 外包肯定会增加发包企业的交易成本。

从交易参与者来看,买卖双方都存在交易成本。例如,买卖双方都必须支付谈判和签订合同的成本。在一次性市场交易中,可能只有发包方需要小心投机行为,但是在长期的外包合同交易中,发包方、接包方都要小心投机行为。

从成本管理方面来看,交易成本可以分为三种类型:

第一,必要型交易成本,即买卖双方都需要支付的交易成本。例如,双方的通信成本,买方的决策成本,卖方构建特殊技能、知识的成本。

第二,互补型交易成本,即如果一方已经支付故另一方就可以节省的交易成本。例如,搜索成本,如果卖方支付了市场营销和信息发布成本,买方就可以节省搜索成本。虽然买卖双方都可能投资于此,但其价值却是不对称的。如果是客户投资,则在他们改变供应商或合同结束后,这种投资就无甚用处;如果是供应商投资,那么在合同结束后,还可以在提高其信誉和知名度方面发挥重要作用。

第三,双赢或双输型交易成本,即买卖双方同时节省或支付的交易成本。例如谈判和监控成本,如果买卖双方彼此信任,双方都会省钱,相互信任的程度越深,节省的钱越多,这就是双赢。另一方面,如果买卖双方彼此怀疑,双方都需要支付更多的谈判和监控成本,相互怀疑的程度越深,需要支付的成本越高。

---

① 威廉姆森.治理的经济学分析:框架和意义.新制度经济学[M].上海财经大学出版社,1998.

◆ 第 3 章 ◆
生产性服务业创新升级的外包模式分析

近年来,计算机通信技术飞速发展,全球制造型企业分工更加专业化、国际市场竞争力持续上升。一些发达国家的制造型企业为节省成本,集中力量打造企业核心竞争力,通常会选择将一些附加值较低的生产性业务外包给海外公司来经营,这点在跨国公司身上表现得最明显。生产性服务行业业务外包逐渐成为外包主流,主要业务包括:商务流程、计算机辅助设计和生产(CAD/CAM)、软件开发、前端设计、金融服务、数据运营、终端服务、市场交易以及其他专业性服务等。2002 年,IBM 将普华永道归入旗下遂成为世界上最大的外包型企业,外包份额从原来的零基础发展到 200 多亿美元。据悉,2018 年中国服务外包规模继续保持较快增长,离岸服务外包合同额 1203.8 亿美元,执行额 886.5 亿美元;业务结构不断优化,知识流程外包业务占比 37%;承接"一带一路"沿线国家服务外包执行额在离岸服务外包中占比达到 19%。

3.1 我国生产性服务业创新升级的路径与模式分析

3.1.1 我国生产性服务业创新升级的路径

从需求层面分析,可将我国生产性服务行业发展的渠道分为内需型与外需型两种(如图 3.1)。

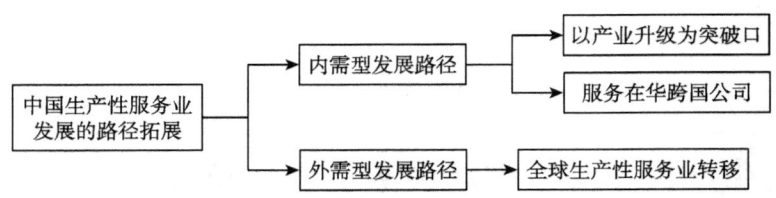

图 3.1　我国生产性服务业升级的路径

（1）内需型

立足于目前现代农业发展以及制造业升级优化为有力背景，进一步壮大生产性服务产业。产业融合所带来的优势可从两个方面分析，一是极大地促进了生产性服务业的蓬勃发展，二是提供了一条内需性质的路径供生产性服务业进行选择。在农业方面，中国目前耕地总面积达到 18.31 亿亩，按人均来计算，这一数据在全球均值中仅占 40%，同时，耕地总面积当中超过 2/3 属于中低产田。数据分析显示，中国粮食需求年平均增长值达到 80 亿到 100 亿斤。[①] 近年来城市用地规模以及产业用地规模进一步扩大，这在一定程度上压缩了农业用地的空间，因此，想要提高粮食总产量只能在单产层面有所突破。但以往的农业生产方式显然达不到预期的效果，所以必须加快农业的转型升级，致力于发展现代化农业生产模式。其中有一条路径就是提高服务于农业发展的生产性服务业的水平，主要涉及农业发展的所有环节与时段，比方说服务与农业生产的金融服务、致力于提高生产效率的技术服务、帮助农产品销售的市场服务等。

我国目前是全球最大的制造业基地，拥有总计 130 多万家制造型公司，在职工人数量突破 8300 万，在工业劳动人口总量中占比高达 90%；制造产品出口份额在外贸总出口量中占比达到 91.2%，在所有的外商投资中工业方面接受的直接投资占比高达 70%。而另一方面，很长一段时间以来，中国服务业的行业结构缺乏有效调整，升级优化速度迟缓，生产性服务领域未能得到长足发展。受制于产品线以及产业链规模及效应的缺陷，我国金融机构很难从外商投资公司当中获得良好信贷业务服务；产品的研发环节、生产技术环节以及部分配件

---

① 梁向东，黄妍，阳柳.生产性服务业与中国城镇协同发展：基于典型城市群的分析[J].福建论坛（人文社会科学版），2019(3):185-193.

一般都通过进口来获得,而不是依靠本地研发服务来提供。这从另一个侧面体现了我国的制造业产业对于服务业的中间环节还未能形成较大的需求规模,即制造业还未能与生产性服务业紧密结合。因此,目前中国的生产性服务业还处在发展的起步阶段。但实际上,我国要想充分发展生产性服务业又必须依靠实力强劲的先进制造业。

近年来中国社会经济快速发展并取得了一系列傲人的成就,创投规模越来越大,已经不仅局限于制造行业。制造业,尤其是发达制造业本身,一旦发展前景可以预测,那么就一定能够在先进服务业当中拓展创投规模。因此,创投资金正慢慢往生产性服务领域流动。我国目前已有一系列制造型公司在内部打造起创意产业中心以及研发设计中心,模型开发、软件研发、工程设计、服装创意、动漫创意、玩具设计、印刷包装设计、广告创意设计等平台先后建立。他山之石,可以攻玉,这一类制造型公司通过将研发与设计环节外包给生产水平高的第三方公司,很好地规避了自身的不足,在加强与外部公司联系的同时,也取得了不错的经济效益。这一做法将会形成一种外包风气,研发设计水平不足的公司可将非核心设计环节外包出去,促进其生产性服务业的整体性发展。

目前中国的生产性服务业发展水平仍然远远落后于世界发达国家。参考大部分发达国家的产业数据可以发现,这些国家的服务业增值在 GDP 中基本都能达到 70%,而整个服务业中生产性服务业比例高达 70%。

(2) **外需型**

近年来,全球范围内服务业转移速度持续上升,现代服务业在多个领域已经发展得较为成熟,其中主要包括金融保险服务、审计与法律服务、信息技术服务、人力资源服务等。从服务职能上来看,生产性服务产业在国际范围内的转移有着明显的特点,主要转移稀缺产业、规模大的产业以及能够形成集聚效应的产业。因此,有着高素质人才队伍、先进的管理运营模式、优越的企业制度、发达的生产技术的高水平跨国服务企业接踵而至。正得益于此,外需型的生产性服务行业在我国进一步发展。

3.1.2 我国生产性服务业创新升级的模式

中国除了具备充足的生产性服务业发展动力,还有着多样的发展路径。想要推进我国生产性服务行业的长远发展,就必须对其发展模式进行创新升级。我国是世界上最大的制造业生产基地,且长期以来都是发达国家生产性国际转移的理想接包方。同时,我国有着区别于其他国家的地域投资环境,这些都是我国积极引进服务外包并形成一定规模的优势,同时,通过主动吸引外资生产性服务产业,还可以为我国该行业的发展积累经验和提供范本。如图 3.2 所示。

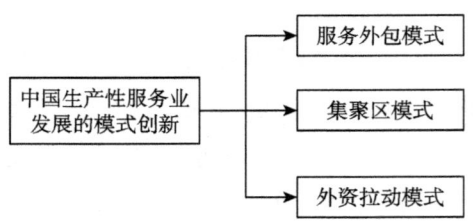

图 3.2 我国生产性服务业升级的模式

(1)服务外包模式

全球生产性转移正向服务业靠拢。大部分公司在完成内部生产的过程中往往会选择购买服务来促进产出的质量与水平。通过"外包"可以把公司的一些非核心业务与生产环节转移至第三方企业,同时从分工层面来看,外包还能够促进分工的进一步细化,并将许多工序独立出来形成一系列新兴的服务行业,例如软件外包、人力管培外包以及运输外包等。关于服务外包的分类主要有两种依据,一种是按地域来划分,另一种是按业务范畴来划分。前者又可进一步细分为境内外包与生产性离岸外包;后者又可进一步细分成技术外包以及流程外包。其中,商务流程的外包在外包市场总数中占比只有 40%,而信息技术产业的外包占比则突破了 60%。

服务外包的发展对于产业结构的升级调整、相应生产成本的减少、市场核心竞争力的提高都起到了很大的促进作用,正是出于以上效益,世界范围内的服务外包在最近几年蓬勃发展,从某种程度上说,这一趋势也直接带动了国际生产性服务业行业整体的进步。我国是全球最大的制造业生产与加工地区,这为我国通过服务外包来促进生产性服务行业的发展提供了有利条件。同时,境内跨国公司更多的优惠性政策,鼓励这些在华公司将更多高附加值的核心产业转移至我国,为我国本土的制造业发展供应高端的服务外包业务。按照中国的生产性服务业拓展路径来看,通过服务外包模式来促进生产性服务行业的发展要重视下列两个核心方面:

①内需型服务外包。前文已经提到,从业务范畴划分可将服务外包细分成技术外包与流程外包两种,但实际上,服务外包所涵盖的领域绝不止局限于眼前划分的两大类。在一些已经得到全球信服的关于服务外包的概念中,外包门类就已经有18种类别。对我国来说,其庞大的市场规模以及随着经济发展带来的潜在消费能力必须引起重视。因此,在引进外需型服务外包的同时,一定要把内需型外包也放在同等重要的位置。相对来说,内需型外包种类更加繁杂,所包含的领域或行业范围更加广阔,就目前情况来看,其发展前景也比外需型服务外包更加看好。尤其在政府同现代化服务行业间亲密协作机制确立之后,服务外包的重要性日益显现,本国公司以及境内现有的跨国企业要想对产业进行升级,实现成本有效减少、市场竞争力得到全面提高,就必须走服务外包的发展路径。不难看出,我国内需型公司只要全面打开相应的服务外包市场,就一定会显现出多样的市场机遇以及广袤的发展空间,而外需型服务外包市场根本不能创造出这样的空间与机遇。可以说,中国生产性服务的进一步壮大,其不竭的动力源泉及强大的生命力只能来自于内需型外包活动。

内需型服务外包还有一个特殊之处在于其只产生在本土公司及境内跨国企业的需求当中。这样一来,内需型外包基本不受全球经济大环境的干扰,尽管资本存在周期性的金融危机,但内需型外包行为仍然可以枉顾大环境而提高自己的相对潜力。

②外需型服务外包。我国对外需型服务的外包行为,一方面是出于经济发展方式转变的考虑,另一方面,则是通过外需型服务的承接,来促进本土生产性服务业在质量与规模两个层面的升级,从而提升我国服务产品的世界竞争力,尤其注重对发达国家离岸外包业务的承接。不管在签约金额还是执行金额上,

世界离岸服务外包占比都超过75%。① 另外,我国在服务离岸外包业务的承接上,范畴已经包含技术与流程两个大类,且类别还在进一步拓展。

(2)聚集区模式

参考发达国家的发展历程不难发现,经济发展至相应时期后,受经济发展水平及结构升级、人口发展等多个因素的促进作用,集聚模式已从原来简单的大型中央商务区模式发展成为多极化、分散化模式,并且由单一性CBD裂变成许多个小微型的中央商务区,也就是所谓生产性服务业集聚区。从20世纪60年代之后,大部分发达城市都将原有的单一型中央商务区分解成众多小微型中央商务区,使中心城区的商务功能得到一定程度的分散,以上模式以英国伦敦、美国纽约、日本东京最为典型。具体来看,纽约的微型中央商务区主要包括法拉盛、布鲁克林、哈德逊广场以及长岛等,这些小微型中央商务区大部分成立于20世纪90年代初期;伦敦的小微中央商务区从原有的市中心划分而成,以堪那瑞水为中心沿泰晤士河呈轴线分布;东京目前小微型中央商务区主要有六本木、品川等30多个,就目前发展状况来看,这些小微型中央商务区都能够与生产性服务业在一定区域汇集同时超多元化趋势发展的全球潮流相适应。

不难发现,所谓聚集区模式就是针对生产性服务业进一步壮大,且符合其发展规律而成的一种必然产物,聚集区模式具体来说就是一种根据现代企业理念对某一特定区域进行整体协调设计,有较好的运输与通信网络,区域内汇聚了各种不同的专业性服务产业以及其他服务产业,基础设施建设先进完备,且模式较为新颖、与外部企业有着便捷的沟通机制、区域内生态良好、资源利用率高、能够很好地体现以人为本理念,同时还有着高水平汇集能力的服务产业集中区域。虽然市场一直以来都是服务行业发展的基础,但地区特定功能才是决定服务业特色的主要因素。同时,这一行业的发展需要依靠许多不同种类的要素来体现行业特色,才能打造自己的竞争力并与邻近区域进行市场竞争,以提高服务业的辐射能力。聚集区内品牌效应、资源分享以及服务网络系统等特点,在一定程度上能够给生产性服务行业的进一步壮大打造出符合要求的产业

---

① 刘叶,刘伯凡.生产性服务业与制造业协同集聚对制造业效率的影响——基于中国城市群面板数据的实证研究[J].经济管理,2016,38(6):16-28.

生态环境。利用企业的品牌效应,公司可以取得良好的市场份额比及市场认可度,促进这一聚集区的服务产品市场需求的产生;另外,区域中公司之间既有竞争关系,又有着紧密的合作关系,这对于服务产品供给能力的提升,以及生产性服务业的市场规模扩展都具有很好的促进作用。

通过聚集区模式来促进生产性服务行业的进一步发展已成为全球生产性服务行业发展的一般路径,而中国的产业聚集区有着无法比拟的优势与特点,这些对于生产性服务行业聚集地的创建提供了有利基础。① 目前,我国大部分地区已逐渐着手通过聚集区模式来促进生产性服务业的进一步发展。从发展情况来看,产业聚集区相对于整体的生产性服务行业而言具有明显的促进作用:规模效益逐渐实现,小微型中央商务区的作用得到充分发挥;从产业空间布局来看,由发达城市的中心区域分散至主要的临近地区,并进一步呈多极化趋势发展;从产业功能结构来看,各聚集区特色鲜明,功能错位现象进一步呈现。所以,我国要向聚集区模式发展较好的城市汲取先进经验和发展模式,进一步打造并升级风格迥异的生产性服务行业聚集地带,促进我国生产性服务行业品位与效能的升级。

(3) **外资拉动模式**

在所有发展中国家内,我国在承接生产性服务转移方面已经有长达 15 年的时间居首,世界生产性服务转移的重心及外资投注的聚焦点也已向服务业转变。以上条件对于中国大力发展服务业、通过世界生产性服务转移方式来促进该行业进一步发展而言,都是非常有利的背景条件。从宏观上看,我国拥有完备的承接外包服务的条件,且在部分生产要素上,我国还具有无法比拟的优势。得益于近年来经济发展的良好势头以及中国庞大的市场规模,还有制造业基数方面的优势以及随之产生的丰富的市场需求,这些都是吸引海外企业在华投资的重要因素。例如全球第一的 IT 服务外包产业,美国 EDS 公司于 2007 年在我国湖北武汉成立了第一个世界服务中心;惠普公司也将世界软件服务中心重庆分公司建在重庆西永微电子产业园。不难发现,我国已经成为越来越多的世

---

① 吕荣杰,呼静,张义明.生产性服务业集聚对区域技术转移的作用机制——协同创新与环境规制视角[J].科技进步与对策,2019,36(2):51-58.

界级企业所青睐的服务转移与外包市场对象。①

从目前来看,中国通过海外资本来促进生产性服务行业的发展,一方面需要主动承接更多的全球离岸服务外包业务,另一方面,还应该加大生产性服务行业市场准入的开放力度,促进服务商贸活动的开展,尽可能多承接水平高、层级高的生产性服务转移业务,我国服务外包发展的重心之一就是对生产性服务业的接包;同时,通过扩大承接规模,还能够进一步开放我国生产性服务业。因此,必须最大限度发挥我国劳动力优势,打造拥有全球化水平的服务提供厂家并促进接包水平,将我国在信息技术外包领域的优势充分体现出来,尤其是在流程外包业务方面的承接能力提高上,应引起格外重视;同时,注意开拓高附加值或高层级的服务外包业务;鼓励跨国企业的研发设计部门、运营总部机构在我国境内成立,并主动学习全球生产性服务领域的发达技术、先进的管理模式以及最新的发展理念等,切实提高我国本土生产性服务行业的发展水平。

3.2 服务外包的价值链与影响因素分析

得益于计算机网络平台的发展,生产性服务的外包业务,包括发行与承包都在网络平台实现。如图3.3所示是生产性服务的外包流程运行机制图。由图可知,网络平台的功能贯穿整个业务流程运行机制。从中我们不难发现,生产性服务业的业务外包相比传统制造业在时空层面受到的限制比较小,对下游仓储物流、生产配套要求也比较低。这样一来就减少了对承包方的限制,承包方只需要拥有较好的通信设备就能够承接外包项目,而不需要考虑具体的企业选址及其他区位优势条件。从外包业务当中直接获益的莫过于内陆及市场腹地的地区,通过外包,这些企业能够直接参与国际分工和技术交流,提高企业专业化生产水平及运营管理水平。

---

① 毛海欧,刘海云.中国制造业全球生产网络位置如何影响国际分工地位?——基于生产性服务业的中介效应[J].世界经济研究,2019(3):93-107.

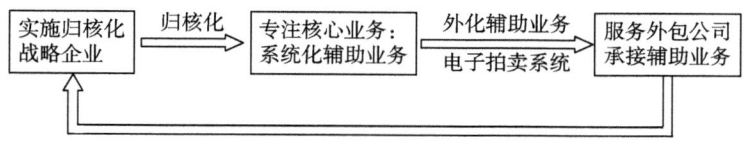

图 3.3 服务外包流程运行机制

3.2.1 服务外包行业价值链分析

服务贸易当中有一种特殊的形式,即生产性服务离岸外包。卖方负责生产或提供服务项目,买方根据需要对所提供的服务进行选择性购买。服务外包是外包业务中的一种特殊形式,他充分显示出生产者的意图,购买者可以利用买到的服务来提高自身产品的附加值,延伸产品价值链。目前我国外包业务的主要含义是负责承接西方发达国家产业转移所带来的制造型业务,但在新的国际分工背景下,我国应该转变外包观念,从以往单纯的产品出口向服务出口转变,充分发挥比较优势,提高我国出口产品附加值,在国际范围内提高企业知名度,这在国家层面有利于服务贸易的进一步发展。[①]

服务外包可以分成不同的内容,具体可分为两种:技术型外包与业务型外包。公司从外部查找并取得包括所有或局部信息技术的服务称为ITO。服务的具体项目如下:系统操作、系统运用、核心技术支持服务等方面。公司把内部立足信息技术的业务流程转嫁于专业化服务供应方可称为BPO,根据签订的服务协议,BPO可以对其管理、运营以及维护。服务的具体项目主要有公司自身管理服务、公司业务运营服务、供应链管理服务等。表 3.1 是服务外包的分类与具体内容。

---

① 卢福财,徐远彬.互联网对生产性服务业发展的影响——基于交易成本的视角[J].当代财经,2018(12):92-101.

表 3.1 服务外包的分类和内容

类别		内容
信息技术外包(ITO)	系统操作服务	银行数据、信用卡数据、各类保险数据、保险理赔数据、医疗/体检数据、税务数据、法律数据(包括信息)的处理及整合
	系统应用服务	信息工程及流程设计、管理信息系统服务、远程维护等
	基础技术服务	承接技术研发、软件开发设计、基础技术或基础管理平台整合或管理整合等
业务流程外包(BPO)	企业内部管理服务	为客户企业提供企业各类内部管理服务,包括后勤服务、人力资源服务、工资福利服务、会计服务、财务中心、数据中心及其他内部管理服务等
	企业业务运作服务	为客户企业提供技术研发服务、销售及批发服务、产品售后服务(售后电话指导、维修服务)及其他业务流程环节的服务等
	供应链管理服务	为客户企业提供采购、运输、仓库/库存整体方案服务等

服务外包价值链是指外包商将服务外包给供应商,供应商完成提供服务的全过程。从图3.4中可以看出服务外包价值链与全球价值链的区别。

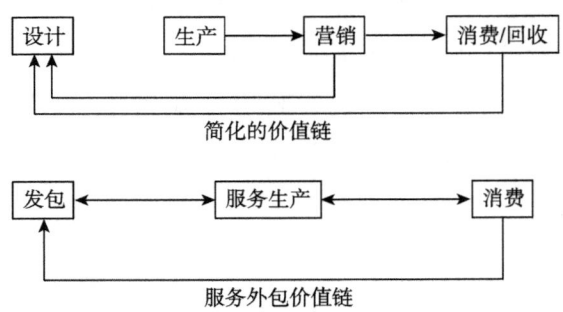

图 3.4 全球价值链与服务外包价值链对比

对全球价值链而言,其流程的划分要相对细分和清楚一些,而且这些流程可以分布于不同的国家和地区,由不同的企业来完成。而服务外包价值链的流程划分则相对模糊,和全球价值链最大的差别在于发包方和消费方是同一行为主体,其服务生产和营销也合二为一了,生产过程既可由多个供应商或一个供应商来完成,在最后消费时既可由发包方自行完成一个服务项目的组合,也可由一个供应商完成全部的服务组合。因此服务外包价值链中最为突出的就是发包商与供应商之间的关系治理问题。

自21世纪以来,外包活动在世界范围内风行。受制于地价以及人工成本的增长,大部分发达国家倾向于把劳动力密集型产业以及部分基础技术导向型产业往发展中国家转移。

到2018年,世界市场外包服务增速平稳,离岸外包业务增速最为明显,每年平均增速突破20%,绝大多数发达国家企业会选择将附加值低的产业外包出去。根据目前世界市场结构形势,世界范围内外包服务活动出现一系列变化,主要表现为从外包基础性技术业务向外包较高层次的服务流程业务变化,其中,BPO增速始终保持在一个比ITO更高的水平线。需要注意的是,未来业务范围圈层扩展是大势所趋,为满足公司内部技术发展与业务延伸,企业更加有可能会把ITO与BPO业务进行捆绑发包,获取最大收益。[①]

按照2018年世界外包市场的总体分布情况,从整个外包服务发展的态势分析,未来世界外包服务地区仍然会于西欧、北美、亚太、日本以及墨西哥等地区汇聚,美国的外包服务体系在这当中相对完善,亚太地区则表现出巨大的潜力,每年都以高于平均值的速度增长,未来极大可能变成世界外包服务业务最多的地方。近年来,除去一些老牌发展中国家,一些发达国家也加入外包服务项目承接的大军当中。由于承接国自身相对优势、资源、成本以及技术等存在差异,因此对于外包承接国也开始区分三六九等。

根据不同国家相对因素,可以把外包服务项目承接国分成以下三个档次:以加拿大、印度、爱尔兰、俄罗斯、菲律宾为主要国家可分为第一档;以为澳大利亚、新西兰、中国、马来西亚、墨西哥、西班牙为代表的承接国可分为第二档;以中东欧、印度尼西亚、以色列、泰国、巴西、埃及、巴基斯坦、南非为主要承接国则分成第三档。不同档次国家所承接的外包服务数量、内容不尽相同,所完成的

---

① 刘志彪.为什么我国发达地区的服务业比重反而较低?——兼论我国现代服务业发展的新思路[J].南京大学学报(哲学.人文科学.社会科学版),2011(3).

项目产出也存在差异。如表 3.2 所示。

表 3.2 BPO 外包接包地区发展阶段一览

地区	第一阶段	第二阶段	第三阶段	第四阶段
亚太地区	巴基斯坦、韩国	马来西亚、泰国、越南	中国、菲律宾	澳大利亚、印度、新加坡
美洲	巴西、智利、委内瑞拉	牙买加	墨西哥	加拿大
欧洲、中东及非洲	保加利亚、罗马尼亚	俄罗斯、乌克兰	捷克、匈牙利、波兰、南非	爱尔兰、以色列、英国

注:阶段级数与成熟程度成正比;第四阶段指发展最成熟的 BPO 外包市场。

资料来源:DTZ Research。

从目前来看,离岸接包体系最为完备的国家主要有加拿大、印度、澳大利亚以及爱尔兰。以上国家主要承接 ITO 和 BPO。比较有竞争力的后来者包括中国、墨西哥、菲律宾以及中东欧范围。在外包体系最为完备的国家圈内,印度远远领先于其他国家,它在世界 ITO 和 BPO 市场的占有率已经突破 40%,且仍在增长。在世界 ITO/BPO 提供企业排名前 20 榜单中,印度企业占了 7 个。据数据统计显示,截至 2017 年,印度 BPO 生产总值有可能从现在的 116 亿美元飙升到 1500 亿美元,而 ITO 生产总值将从 184 亿美元上升到 1500 亿美元。

在未来很长一段时间内,印度仍将占据最大的外包市场,但在第二档国家中,特别是中国,其离岸外包服务份额逐年飙升,发展速度位居前列,经过一段时间的追赶后,中国很有可能取代印度成为最大的外包服务承接市场。按照 2006 年的接包市场结构,亚洲的市场占有率达到 20%,拉丁美洲市场占有率达到 9%、东欧外包服务市场占有率突破 7%。尽管目前我国所承接的 ITO 和 BPO 规模与印度存在较大差距,但有调查显示,许多海外采购商都对中国市场存在兴趣,预计来华采购的国际企业数量将增加 48%,其中,2018 年增加 4%,2019 年增加 8%。在一些对英语要求不高的产品研发与采购服务范围内,中国提供的数量比不断攀升。同时还要注意到,在地缘性以及文化渊源上,中国与日韩等亚太发达国家相毗邻,这一优势有利于中国持续发展外包 BPO 与 ITO 业务。

笔者对 2016 年世界离岸外包服务市场占比排行榜前 100 名的企业所涉行业分布进行研究发现,市场占有率最大的外包项目是金融服务业,达到 69%,电信行业以 47% 的比例紧随其后,接下来便是占比 41% 的软件行业,以及占比 33% 的制造业、占比 28% 的护理行业,零售市场占比 21%,政府项目占比 15%,基建相对较低,只占 6%,仓储物流行业占比 5%,娱乐休闲项目占 4%,能源行业如天然气、石油等占比较小,只有 3% 的市场份额。

按照岗位类型划分,通过对美国 2000 年到 2015 年的外包服务项目进行研究,发现企业行政与办公在外包工作岗位总数的占比达到 50%,接下来是基础性学科,以电脑和数学为例,2000 年占比高达 26%,而 2015 年却只有 14%,出现了一定程度的下降,金融服务行业的岗位大概有 10%。2007 年度的服务贸易报告显示,以信息技术、通信服务、金融保险等为主的"其他服务贸易出口额"(基本为服务外包项目)达到 1.65 万亿美元,同比增长 19%,在世界服务贸易出口总额中占比 50.7%,依然是世界贸易中占比最大、涨幅最快的行业。

3.2.2 中国承接生产性服务外包的有利因素

通常对外包服务的定义是西方发达国家通过产业转移,将本产业中一些附加值较低的业务,例如基础性技术、产品生产等打包给发展中国家来承接,以优化公司产业链,降低生产成本,集中力量进行核心技术研发、服务生产等,本质上则是利用国际相对优势来提高企业自身的生产力。目前外包服务业务的发包方一般是西方发达国家,以美国、英国、日本、意大利以及一些国际组织为主,而承包方主要是一些发展中国家,在所有承包国当中,以印度规模最大,中国上升趋势最明显,当然,一些发达国家出于企业自身发展需要也加入承包方,如加拿大等。就目前来看,很大一部分发展中国家在承接发达国家转移的外包服务业务的同时,也有实力将本国一些生产业务进行发包处理。从国家战略层面来讲,这有利于优化出口结构,但从实际角度而言,绝大多数发展中国家目前还只适合做承包国家。

现在,大部分发达国家出于转型需要或提高竞争力、减少成本的目的,大规模向外转移业务，这就给中国承接外包服务项目制造了很好的机会。对此，中商部也对外包服务发展的前景进行了详细规划。按照计划，中国将在第十一个五年计划内举国打造10个具备强大世界竞争力的实验基地，预计承接100家跨国公司的外包服务业务，同时建立约1000家具备国际认证的公司来承接外包项目，预计到2010年，外包服务项目出口份额比2005年提高2倍。

近年来中国经济飞速增长，一跃成为世界第二大经济体，相应的经济结构也发生了很大变化，在出口贸易方面，工业制品逐渐取代以往的农副产品以及初级加工品。改善出口产品构成必须加快服务外包的发展进程，让服务贸易在出口总量中占据更大的份额。从根本上说，服务外包的发展能够在全球范围内产生非常大的经济效益，对服务贸易的母国而言，加快发展服务行业全球贸易势必推动一国贸易增长方式以及经济发展方式的革命性转变，服务项目离岸外包作为一种新型的出口贸易方式，与以往的制造业有很大区别：首先，服务行业几乎不会对自然环境造成很大的破坏；其次，中国发展服务贸易对于国企在全球服务市场份额的增加将有很大的促进作用；同时，我国企业参与世界市场竞争的水平也会有所提高。另外，接受世界离岸服务外包同样属于一种劳务输出的方式，这种新的方式等同于本国劳务出口。近年来，离岸服务外包涉及的行业大部分汇集于科技导向与知识导向一类，具体包括计算机行业、金融服务行业等，通过这一新兴产业的发展，社会从业人员所属行业的结构也会出现一些变化，技术型、知识型人才就业率将会上升，对我国出口贸易的提高也会有积极的作用。

在世界范围内服务外包行业的发展是跨国企业把附加值低的非核心项目转移至第三方企业以及欧美发达国家和地区把传统制造业及相应的服务往具有较低成本比较优势的国家或地区进行转移共同作用下的结果，服务外包的进一步发展、规模的不断扩大有利于资本在全球范围内流通，同时打造招商引资新的热点，调整外资经营的产业布局，进一步吸收高质量的海外资本。另一方面，离岸外包规模的进一步壮大对东道国服务行业的专业化水平也有显著提高作用，通过接入外包服务，生产与交易成本得以减少，投资环境与招商引资的水平也得到很大提高。在外资层面，一方面，制定积极优惠的政策吸引外资投注先进制造业;另一方面,对于发达国家跨国企业的服务外包发展趋势重点关注,并努力提供有利条件,创造新的方式将海外资本引入新兴服务行业。过去几年,我国仅仅致力于引入先进制造业注资,但近几年,我国引入资本发生了变化,即更加重视吸收外资投注生产性服务产业。对此,我国要立足于时代发展背景,把握好现在服务业全球范围转移的机遇,加快服务外包业务的发展速度,通过服务业的发展进一步吸引外资。

我国发展服务外包有其特殊的动因,同时,也具备发展服务外包的有利条件,具体来看主要包括:

(1) 有利的宏观环境背景

从整体上看,与其他国家相比,我国在发展服务外包业务上有着特殊的综合环境优势。近年来,我国社会经济稳定增长,已经成为世界第二大经济体;随着行政方面的优化升级,我国政府职能发生积极转变,行政效率得到很大提高,这为社会经济发展减少了很多阻碍;一直以来,我国社会治安条件良好,且有一套成熟完备的安保管理体系;同时,我国企业的全球化程度逐年加深;法制体系也进一步完善;网络信息化程度也得到很大水平的提高;后续人才培养上,也建立起自己的后备队伍,人才储备充沛;产业整体布局较平衡,类别多元、配套设施完备。需要注意的是,由于整体经济环境的改善与政府职能转变密切相关,因此在软硬环境两个方面,我国政府都非常重视环境的改善,尤其是政府职能的积极转变。转变政府职能主要从三个方面入手:一是增加服务意识与服务业务,二是落实问责制度,三是加强法制建设,提高依法行政的能力。可以说,政府职能的积极转变是我国吸引外资的宏观环境优势,也是政策前提。

近年来,我国政府从实际出发,在吸引外资与民间资本的手段上做出积极调整,不仅局限于制定优惠政策,还更加重视综合环境优势的建立与维护,同时简政放权,加快转变职能,提高行政效率。同时,紧跟信息化时代潮流,让信息公开成为政府工作的常态,这方面我国已经基本实现政务公开,新闻发言人制度得到完善。不仅如此,我国政府还致力于公开行政与规范行政,最大程度保证行政效率的提高,以及综合环境优势的维护。

(2) 传统制造业基础雄厚

中国是全球制造业大国之一。据不完全统计,中国目前拥有130多万个制造型公司,制造业从业人数高达8300多万,在工业整体劳动力当中占比高达90%;同时在全国出口贸易中制造产品出口份额达到91.2%,制造业吸引外海资本的实际份额在全部海外投资中占比突破70%。可以说,中国是名副其实的世界级工厂,"中国制造"的字样遍及全球。但从实际上看,制造业发展壮大,相关制造型公司才能够把服务外包出去,也才可以对服务外包产生需求。因此,我国可以一方面积极接纳生产性服务离岸外包业务,另一方面,则可以通过稳固国内制造企业的优势,将本国制造业的服务通过外包转移至别国,也就是所谓的内需型服务外包。我国雄厚扎实的制造业基础是发展服务外包最有利的条件。随着社会经济的持续进步,我国服务外包在需求上也呈现出一些新的特点,即需求已经不满足于"域内外包"内需,同时向内需与"离岸外包"外需双重需求转化,而这种独特的优势是我国所特有的。

(3) 人才梯队建设成熟

整体而言,服务外包型公司大部分需要在技术岗位以及知识输出型岗位任职,工作主要是脑力劳动,因此,充足又高水平的中高级别从业者是服务型企业必备的生产要素,这在IT行业最为典型,该行业员工学历在本科或本科以上的占比达到90%。中国人才储备充足,高等教育培养下的高水平待业者数量规模庞大,且兼具低廉、高质以及技术专业三个有利条件。目前,我国高校经过几年扩招,全日制生源人数从1998年的340万人上升到2017年的1900万人,再算上网络高学历以及成人教育在校生数量,我国高等教育总规模初步预计将达到2500万人,毛入学率突破23%。从数量上看,我国在劳动力方面具备绝对优势吸引服务外包,同时其成本只占印度劳动力的70%,与美国相比,我国劳动力的成本价格只有其1/8。因此,高资质、低成本、规模庞大的从业人员是我国吸引服务外包在人力方面的比较优势。[①]

---

① 曹聪丽,陈宪.生产性服务业发展模式、结构调整与城市经济增长——基于动态空间杜宾模型的实证研究[J].管理评论,2019,31(1):15-26.

(4) 产业集聚优势

我国将会划出重点示范区域来承接服务外包业务,打造服务外包产业园并加快推进认定事项。当前,我国已打造多个服务外包产业园区。上海浦东一带,经过多年探索发展,目前已打造出张江软件出口、生物制药以及金融服务等示范区。除此之外,金桥研发设计服务园区、陆家嘴信息服务园区、外高桥信息技术与物流服务园区也粗具规模。目前上海浦东软件拥有软件外包公司上千家,2017年,其贸易出口总产值突破7亿美元,约等于菲律宾整个国家的年产值,浦东开发区也一跃变成中国软件外包方面最大的出口贸易基地。同时,我国还会进一步划分实验基地,把具备承接或外包条件的地区打造成新的示范地,这也是我国进行服务外包的有利条件。除前文所述有利条件以外,我国还具备其他优势,例如社会基建方面,目前我国城市的道路交通体系以及移动通信体系基本完善,发展相对成熟,有的甚至超过了世界领先水平,这对我国发展服务外包而言将是一大利好。

2017年中国服务外包产业实现高质量增长,在向智力投入转变,向高技术含量、高附加值业务拓展中迈出坚实步伐,成为新常态下产业升级、外贸转型的有力支撑。此外,其增速显著提升:据商务部统计,2017年中国共签订服务外包合同金额1807.5亿美元,同比增长25.1%;完成服务外包执行金额1261.4亿美元,同比增长18.5%。其中,离岸服务外包合同签约金额、执行金额分别为1112.1亿美元、796.7亿美元,同比增长分别为16.7%和13.2%,增长速度领先服务贸易出口速度,是新兴服务业出口的核心。

同时,服务外包企业向高附加值业务环节拓展势头显现:2017年中国企业承接国际IT解决方案业务同比增长367.1%,企业逐渐具备面向最终客户提供项目咨询设计、实施执行及运营维护等全流程服务的综合能力。同时,企业积极融合新一代信息技术提升外包价值,全年承接国际电子商务平台服务、互联网营销推广服务、数据分析服务执行额分别比前一年增长226.4%、73.8%、51.9%。基于云计算的交付模式变革、基于大数据的业务升级、基于人工智能的平台搭建更加普及。

从三大类业务发展来看,2017年知识流程外包(KPO)发展迅猛,特别是国际业务领域,增长约18%,均超过信息技术外包(ITO)、业务流程外包(BPO)7个百分点以上。这一增长主要得益于知识产权外包服务、管理咨询服务、数据分析服务、工业设计外包及医药研发服务。2017年ITO、BPO、KPO业务执行额分别为618.5亿美元、235.7亿美元、407.2亿美元,业务结构由2016年的53∶16∶31调整为49∶19∶32。中国服务外包产业长期致力于用好国际国内两个市场、两种资源。2017年,贯彻落实创新、协调、绿色、开放、共享五大发展理念,中国经济供给侧结构性改革步伐加速,国内市场外包需求持续释放,国内市场合同签约金额、执行金额占比分别达38.5%、36.8%,比前一年分别增长3.2个百分点、3.0个百分点。[①]

内地企业的国际业务已经拓展到全球200多个国家和地区,其中,美国、欧盟、中国香港、日本是最主要的国际业务来源地,2017年内地企业共完成来自这四个区域的服务外包执行金额491.4亿美元,占比为61.7%。受日本经济、汇率、成本上升、中日政治关系等多重因素的影响,中日服务外包合作一度放缓。2017年中国企业承接日本发包业务同比增长19.5%,对日外包市场回暖向好,日本外包订单增多与内容难度增加、客户需求提高并存,对日外包企业在坚守中加快转型。企业承接"一带一路"沿线国家的服务外包合同执行额152.7亿美元,同比增长25.98%,成为国际业务发展新亮点,占离岸服务外包执行总额的19.2%,比上一年提升2个百分点。其中,东南亚11国是规模最大的区域,承接该区域合同执行额78.81亿美元;西亚北非16国是增长最快的区域,合同执行额同比增长44.9%。

服务外包产业遍地开花得益于不同批次示范城市的传导带动。2017年中国服务外包示范城市由21个增至31个,传统21个示范城市依托先发优势,加快高端要素集聚,积极推动产业转型升级,向创新高地迈进,2017年完成服务外包执行额共1018.4亿美元。其中,执行额超过70亿美元的城市包括南京、无锡、苏州、深圳、广州、杭州、上海7地,比上前一年增加3家。新晋10个示范城市主动对接优质资源,吸收借鉴成熟模式,依托本地特色实现快速起步,2017

---

① 陈恩,王惟.生产性服务业的集聚能否促进区域创新能力的提高?——基于广东省21个地级市的计量分析[J].科技管理研究,2019,39(6):79-85.

年完成服务外包执行额同比增长33%。其中,沈阳、南通、南宁、乌鲁木齐等城市实现了50%以上的高速增长。

2017年,商务部推进实施示范城市动态管理,推动在示范城市范围内实行的技术先进型服务企业所得税优惠政策向全国推广,系列举措为非示范城市发展带来利好。非示范城市服务外包产业发展各项指标占比均有所提升,企业占比由2016年的26.7%升至2017年的28.1%,合同执行金额占比由6.1%上升至8.5%。

对中国而言,外包服务市场的发展既是机遇,也是挑战。中商部调查数据显示,中国服务外包行业规模持续扩张。

2013—2017年中国服务外包金额持续递增。2017年全年中国共签订服务外包合同金额1807.5亿美元,同比增长25.1%;完成服务外包执行金额1261.4亿美元,同比增长18.5%。

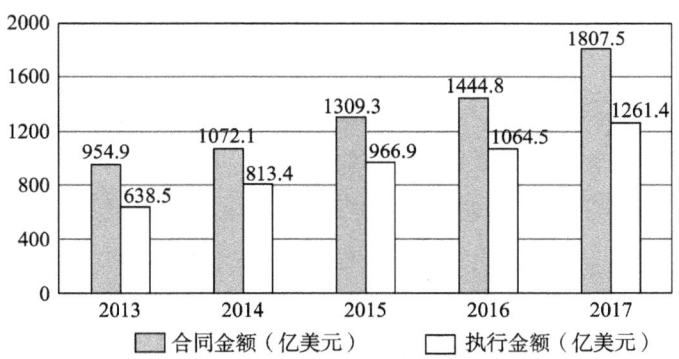

图3.5　2013—2017年中国服务外包金额统计情况

3.2.3 生产性服务外包的影响因素

(1) 推动全球服务外包发展的有利因素

其一,目前许多国家都出台相关政策支持承接外包服务项目。更有一些地区把承接外包服务业务上升到国家战略高度,为外包服务业务在本国的发展提供了良好的政策环境和战略意义。世界上多个国家对离岸外包服务业务有着长远的认识,并结合本国优势,充分利用本国企业特点和政策优惠大力培植外包型企业发展,尽量争取到更多的外包服务业务。

其二,得益于技术条件的改善以及全球范围内服务贸易壁垒的打破,外包业务近年来持续上升。网络平台的发展打破了空间上的壁垒,一定程度上也为企业发展外包业务提供了条件。在技术进步的背景下,现代企业的运作模式与管理方式都有了很大的改变。总的来说,贸易壁垒的打破有利于全球市场进行自由贸易而不受政策影响,技术手段的改进以及运作模式的转变为企业外包服务业务提供了可能,以上优势条件都为外包型服务企业的长足发展打下坚实的基础。

其三,基建完善、技术进步是发展中国家近些年来的具体表现。中国改革开放后积极开辟海外市场,随着国内生产力水平的不断提高,我国在基础设施建设、人力资源培训,以及对教育产业的重视和对企业规模的建设等方面相比以往都有了巨大的提升,作为目前最有优势的外包服务业务承接国,印度在很多方面也具备明显优势,甚至在一些方面还优于中国,例如劳动力成本、对外包服务业务的消化力度等。发展中国家的开放会进一步促进外包服务的承接,对发达国家而言,会有更多的海外市场进入,这对发展中国家而言也是融入国际市场以及学习海外企业运营经验的有效途径。

其四,全球范围内外包业务承接方的迅猛增长有效扩大了外包服务项目的市场规模。得益于网络通信技术的发展,发包方对外包项目的承接方企业的生产力水平也有了更高的要求,外包业务所涉及的范围也越来越广。近年来,发达国家外包服务业务的发包方不但会把数据传输、产品加工生产等附加值低的项目外包,还会把一些基础技术环节以及金融服务环节打包出售。自2008年以来,整个世界市场外包行业规模不断扩大,业务的内容也逐渐放宽。

(2)全球服务外包发展面临的不利因素

虽然目前世界范围内发展外包服务业务具有很大优势,但也存在许多缺陷,具体来说,主要有以下几点:

其一,国际上仍然存在反对服务全球的论断。外包服务项目在全球范围内流动已经成为不可逆转之势。不可否定的是,发达国家大规模外包出去会严重影响本国就业问题。因此,反对服务全球的论调以及贸易保护主义甚嚣尘上。

除此之外,在业务外包过程中出现的核心技术外漏、专利侵权等问题也值得发包国企业或政府重视。所以,在这种压力下,出现一系列反全球化浪潮也就不难理解。

其二,世界范围内外包服务推广受接包方生产水平的制约。跨国公司在挑选接包企业时通常会考虑接包方的企业管理模式、生产架构以及当地文化的兼容性、抗风险能力等。目前来看,接包方大部分属于发展中国家,本国企业不论管理模式还是生产方式上与发达国家企业相比仍有较大差距,生产力水平与生产模式的落后不利于承接外包服务项目,也会影响发包方对承接企业的选择,倘若承接方企业不能应付出现的种种问题,将会影响到外包服务的全球化进程。

其三,对世界外包项目起到重要影响的还有知识产权保护。发达国家企业成熟度较高,核心技术先进,在产权保护方面格外重视,并且在大部分外包服务项目当中高附加值、高技术含量的服务占比高,这些项目往往牵扯到很多商业机密与企业内部职能的保密化,知识产权分量高,更多一些属于发包方企业的核心技术。因此,外包项目的合作应以尊重知识产权为前提。只有对发包方知识产权给予相应的保护,切实保证客户的安全,才能树立自己的企业信誉。因此,对外包国家知识产权的保护成为承接外包服务项目的竞争因素,保护机制越成熟的国家在承接项目时通常更具备优势。但目前接包方大部分属于发展中国家,其在国际分工与世界贸易当中,相关的法律机制、保密条款、承接流程规范化以及知识产权保护观念都还未形成体系。因此,有些发包方往往不会轻易将项目对接出去。可见,对知识产权的保护已经成为制约外包服务发展的重要因素。

其四,服务项目在外包过程中免不了出现风险,出于对风控的考量,这样很大程度上会影响外包项目的规模扩张。尽管项目外包对发包方企业以及承接企业而言都具有很大的收益,但企业经营免不了出现风险,尤其是外包项目涉及国际分工以及离岸时,风险性更大,一定程度上会影响到外包规模。外包服务项目面临的风险主要包括经营风险、信誉风险、战略风险、失控风险、泄密风险以及社会政治环境、文化传统等因素导致的相关风险。

总的来说,全球范围内外包服务项目的发展是未来企业合作的重要方式,其实现的拉动力相对多元,既有国际专业化分工的进一步细化,又有技术发展的加持,还有发展中国家更多参与国际分工、国际生产的意愿,同时还有发达国家优化产业结构、提高生产效率的目的。需要注意的是,在看到服务项目外包带来的诸多好处以外,还必须清醒地认识到仍然存在许多制约外包项目规模扩张的因素,只有将这些限制因素一一解决,才能够促进外包服务项目市场的蓬勃发展。

3.3 生产性服务离岸外包的空间格局

作为跨国公司业务模式的一种形式,离岸外包与直接对外投资相同点很多,是跨国公司将企业内部一些项目或整个产业转移到其他国家完成生产,从性质上说,类似于海外投资。产业转移的出发点、区位选择以及相关活动组织是一个统一的整体,三者息息相关。Dunning 曾提出折中理论,该理论认为,跨国公司的经济行为涉及内部化环境、区位条件以及所有权优势。企业所有权优势属于公司无形资产,它是相对其他企业而言的竞争优势;企业必须将所有权内部化处理,不能将其作为外包项目让其他企业承接。企业在进行国际贸易或海外投资的时候所考虑的一般包括企业本身优势以及承接国本地区位优势。

但外包服务行为属于企业外包活动而不是内部行为,且企业内部化优势和外包行为互相冲突。因此,折中理论在理解外包业务上并不适用。但站在跨国公司角度来看其进行的经济投资活动,则折中理论仍然能够适用。外国学者 Graf 和 Mudambi 立足于折中理论,提出服务外包区位决策的理论框架,对人力资源的重要性进行重新阐述,但该框架研究样本较小,只适用于部分企业,并不适合在宏观层面对所有企业进行理解。

如图 3.6 所示,从折中理论视域出发,站在发包方的立场,对宏观因素与行业特征进行考察,对产业空间格局框架进行搭建。发达国家企业在对服务项目进行外包的时候所考虑的因素主要有以下几个方面:国际因素、产业特征因素、公司战略层面因素以及承包方区位优势等。

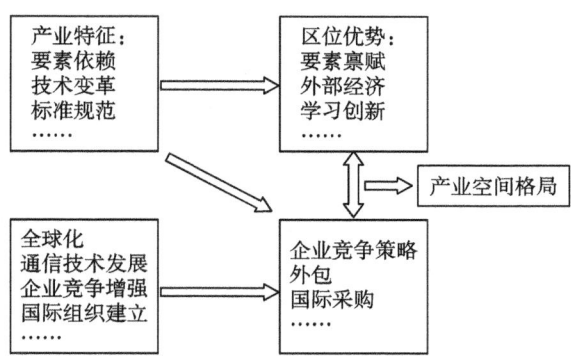

图 3.6 生产性服务离岸外包的区位选择影响因素

(1) 国际贸易

网络通信技术以及运输条件的发展突破了时空限制,在区位选择上给企业更加灵活的运作空间,一方面有利于企业打破时空上的壁垒将企业进行外部扩展,另一方面,也有利于外部企业进入本地集聚,形成一定规模的群聚效应。企业制定发展战略无法再将区域限制在内部,包括资源的合理配置、发展规划等。不论是发达国家还是发展中国家,具备全球战略视野是一个企业家必备的时代眼光。随着 WTO 与 World Bank 等一些全球性组织职能的持续增强,有些地理位置毗邻的国家间相互合作进一步加深。区域贸易组织数量的增加以及包括北美自由贸易区、欧共体、东盟、加勒比同盟等在内的老牌区域组织的进一步发展,对世界产业空间布局起到一定的影响。例如,墨西哥纺织工业在北美贸易组织落地之后纷纷将美国作为最大的主要原料产地和销售市场,把本国企业的许多项目对接到美国,整个墨西哥纺织工业逐渐由原来的国内企业向外向型企业转变,这种产业转移在美墨交界地带新兴许多被称为 maquila 的相关企业。随着而来的是纺织业的空间格局发生巨变。

外包服务项目与网络技术平台息息相关,得益于整个信息技术行业的进步,服务外包的规模正逐步扩大。从时间上说,通信技术的发展使得材料传输、业务交流等没有时间上的限制,从空间角度而言,仓储物流行业的迅猛发展,能够为远距离运输提供技术条件;从整个行业服务水平来说,服务的定制化与标准化水平的提高也为服务外包发展创造了条件。以上三个方面的进步进一步将服务业从传统生产制造业中分离。同时,外包服务能够及时共享服务的生产与提供,通信技术的进步对服务业的模块化生产也起到很大促进作用,对服务产品的移植与膨化也有重要影响。

(2)产业特征

对产业空间布局进行分析需要考虑到具体的产业部门。产业性质不同,所具有的特点也存在差异,因此,针对不同企业,会有不同的区位选择。以金融服务行业为例,承接方所在时区是影响发包方外包与否的重要因素。除此之外,产业特性也会影响到企业的竞争。不同企业所重视的生产要素不尽相同,例如互联网行业,其产品概念设计以及核心技术的研发是该行业主要的竞争因素,而对于一些鞋服类企业以及餐饮行业,品牌认可度成为竞争的主战场。企业在服务项目外包方面也要考虑到承接方的产业特性,同时,企业不能把目光局限于对单个企业的分析,还要上升到行业高度,从宏观角度,以更宽的视域来对整个行业进行考察。

离岸外包同样缘起于服务项目自身具备的因素:

①首先是服务项目的标准化水平。一方面,倘若服务项目的标准化水平过低,在产品具体的生产过程以及产品的性能设定环节会存在很多不确定性;另一方面,服务水平过低容易导致环境的变化,谈判成本随之提高;另外,外包服务的水平过低容易产生许多外部行为,从而对外包双方都产生影响。总的来说,对于合同的签订、信息的共享以及外部风控等方面,都在很大程度上受服务水平影响。据研究表明,产品的服务水平与企业内部化属于负相关关系。

②在服务项目外包过程中,对于一些需要严格把控的项目,例如,属于企业重要战略层面的项目、属于企业核心技术层面的项目、产业外包成本较高的项目、知识产权类项目、生产过程特殊且易于模仿的项目,跨国企业通常会利用关联离岸手段完成项目外包,所以对金融服务业而言,所外包的服务大多属于跨国公司离岸服务。[1]

③跨国企业在选择外包模式时通常还需要考虑外包项目的附加值大小,如

---

[1] 陈洁,王耀中.产业关联与生产性服务业空间分布——基于中国城市面板数据的空间计量分析[J].经济经纬,2016,33(6):96-101.

果产品附加值大,企业则更有可能采取关联离岸外包形式。

④具备竞争力的服务项目将会减少大量合作中的漏洞,如果外包服务项目竞争力较低,承接方可利用产品的市场疲态作为漏洞对生产方式、知识产权进行套用,这样一来很容易导致发包方利益的损失。因此,提高服务产品的竞争力将很大程度减少合作过程中机会主义的出现。

⑤外包服务项目的发包方与承接方所要资金的积攒成本与专用性对项目离岸外包标准会起副作用。具体来说,那些具备专用资产且要大量投资成本的企业更易让对方产生机会主义而影响企业本身的利益。所以,即便在谈判过程中会增加成本,也要在合同签订前对机会主义进行扼杀,以免企业在后续的生产环节受另一方机会主义的伤害。

(3)企业竞争策略

一个公司必须要结合内部与外部环境双方面因素来制定竞争战略,随着社会必要劳动时间的缩短,单位产品所消耗的必要劳动时间减少,价值量减少,为应对市场需求,企业也必须提高生产效率以满足市场供求。在自身生产效率不足以满足市场变动时,外包服务项目能够达到企业的弹性生产。这样一来,即便市场出现变动,企业也能够掌握有利态势,不至于受太大影响。企业具体的生产行为和发展路径需要以竞争策略为导向,同时企业的具体行为也只有在符合制定的竞争战略中才能够很好地实施。

①出于"归核化"的目标,企业必须将服务项目外包。在世界经济竞争加剧的大背景下,全球经济一体化进程逐步加快,产业协调与分工趋势更加明显,只有积极融入国际分工合作,才能在经济全球化浪潮下保持企业的良性发展。所以,那些发展战略从水平到垂直领域都有深耕的企业必须实时关注国际市场动态以便调整企业发展方向,信息技术的发展为很多企业改善运作空间提供了契机,例如IT产业利用先进的信息技术能够把一些基础性、共生性、生产性且附加值低的项目通过离岸外包的方式出售给发展中国家承接方,企业内部则集合优势资源,重点在产品概念设计、核心技术研发、人才培养等方面打造自己的核心竞争力,以保证企业在世界市场中的有利地位。因此,将非核心业务外包是经济发展、技术进步的必然趋势,这既为优势企业做大做强提供了条件,也为低

端生产工业参与国际分工创造了可能。

②有利于节省成本。这点可以从两个维度讨论。第一,从主观角度,跨国公司产业转移所考虑的主要是承接国的成本优势,例如,更低的基础设施建设、人才管理耗资、培训与开发成本等,通过集约化生产能够最大程度降低发包方的成本;从客观角度,信息技术的进步为服务项目外包提供了有力支撑。成本不同,发包方采取的外包策略也存在差异,例如,管理与生产成本较高的项目以内部离岸为主;反之,则更多选择关联离岸方式。

信息技术的进步除了能为服务项目外包提供条件之外,也使得生产变得简单且易于外包,这样发包方不但可以转移业务降低成本,还可以通过在承接国的批量生产获得规模效益。发达国家劳动力较为短缺且单位成本较高,本地区服务与客户相对分散,企业扩张在一定程度上会造成空间层面发展的不对称,但发展中国家劳动力密集且较为低廉,同时服务项目更多。以呼叫中心为例,印度一般会有1000人左右的企业规模,而在美国,基本维持在300人左右,有的甚至更少,虽然规模型企业的收益难以直接衡量,但效果却显而易见。

表 3.3　2002 年印度孟买与美国堪萨斯州呼叫中心的成本比

单位:美元/小时

	分期摊销的设备成本	其他成本	劳动力成本	利润	转移到顾客价格
			(美国利润/成本比为20%,印度为100%)		
堪萨斯州	0.25	0.14	10.00	2.08	12.47
孟买	0.35	0.21	1.5	2.06	4.12

资料来源:Daniel Trefler(2005)。

由表3.3可知,孟买比堪萨斯州成本节约了大约80%,如果美国将国内500强企业当中的其中一家搬迁至班加罗尔,那么生产会比在美国生产降低非常多。2002年,NASSCOM－McKinsey曾在报告当中提到,美国通用汽车行业将生产业务外包到印度后,仅2002年一年,企业生产成本下降近3400万美元。

(4)区位优势

按照折中理论,区位优势一般包括以下方面:政策环境、文化习俗、历史传统、制度完善、风控等,此外,一些诸如创新环境、外部经济状况、学习能力等动态因素也成为需要考虑的方面。但笔者认为,区位优势应结合具体行业分析,不同行业所对应的区位优势也不尽相同。产业空间结构由当地优势条件和公司的竞争战略相互匹配而成,比如说,在IT行业,企业倾向于将附加值低且不设计核心业务的生产项目转移到劳动力密集且成本较低的地区,一些研发类项目、关键环节以及知识产权性生产流程则聚集在劳动力素质较高,科技基础较好的地区,而在一些中间地带,则转移一些中间型产业。这种产业空间布局能够最大程度减少企业的成本。

承接方的区域条件很大程度上会影响发包方对承接业务的选择,以下因素是主要的区位优势条件。

①政策优惠。外包服务业务是国际市场一个具有强大潜力的事物,众多国家都开始意识到其在国际分工与市场占有、企业竞争力上的重要性。因此,纷纷制定优惠政策鼓励产业外包或承接。中国、加拿大、印度、墨西哥、爱尔兰、等国巨大的外包市场都是得益于国家政策的支持,在政策的优惠下,以上国家不论在基础设施建设、市场辐射还是税率、人员支持上都非常适合作为外包市场国。

②承接方的技术条件。企业技术水平的高低直接影响了承接项目的数量及规模,一定程度上也能反映出国家在外包市场上的发展潜力,对于技术先进的国家或地区,发包方往往更愿意将服务项目外包出售。

③基建完善程度、时空限制因素也会对外包产生很大影响。具体来说,基础设施建设越完善,越能够吸引海外企业将项目外包,同时,距离的远近以及时区上的差异也会影响发包方的选择,通常来说,发包方倾向于选择具有地缘优势,且时区相近的地区作为项目的承接方,这样可以省去很多不必要的成本。

④协会组织的数量及规模。地域性协会组织作为独立于政府与企业之外的第三方力量,如果能够很好地发挥其职能,一定程度上也能够降低企业生产成本,提高合作效率。外包业务属于海外投资行为,在很多具体细节的处理上,由于涉及跨国行为,在法律上容易存在缺陷,因此这种立足于信息技术发展的新兴行业需要制定一套规范的合约来保证合作的通畅,协会组织通过建立秩序,对于外包企业与东道主企业的协作将起到润滑的作用。另外,协会组织的

纪律性也能够保证会员遵守合约,有助于项目双方履行合约。

⑤信息安全维护与产权意识。外包方对于信息安全保密的要求极高。因此,承接国在信息保密环节的处理能力是每个外包企业必须考虑的问题。具体来说,信息安全主要涉及机密性信息,即授权者才能进行存取的信息;信息的完整性,即能够确保资产准确和完备的信息;信息的可用性,即信息能够被及时使用。以上三个方面条件都具备,才能够达到外包方对信息安全维护的要求。

⑥文化习俗与沟通的顺畅。文化只有兼容才能够和谐相处,语言畅通才能保证工作效率。对于风险度较高、工序较为复杂的业务,业务双方信誉度在合作过程中至关重要。地域差异造成的文化壁垒以及语言障碍对于合作进程有很大的影响。上文提到,业务外包属于海外投资,涉及跨国经营,因此对语言沟通的要求也非常高。企业把服务项目外包给承接方后,对于业务发展进程的每一个环节都要实时监控,保证产品的生产环节能够在双方沟通下有效进行,以便交接任务、下达指令、协调工作、矫正误差以及人员调配等。以上工作都需要外包方与承接方能够提供大批精通两国语言的人才。

⑦人才资源的积累。就目前来看,服务外包型企业大部分属于知识密集型企业或 IT 产业,这些产业需要大量能够胜任企业管理、产品研发、发展战略制定以及精通不同语言的人才。因此,人力资源的积累与培训,以及相应的后续团队培养也被纳入企业发展规划当中。

全球化进程、行业发展属性、不同地区区位优势的差异以及企业竞争战略的变动都对产业结构造成很大影响。因此,本质上说,产业结构属于动态的概念。进而对于在一定产业结构下的分析框架也要适时而变,框架的时代性有助于我们理解产业结构。

根据以上因素的合力作用,本研究将设计出一个离岸服务的合理分析架构。首先,本研究会设计一个仅有 A、B 两国的离岸服务模型。我们把可量化分离的"产品"设定为一项最终服务,那么需要投入标准化中间服务与不标准的服务两种不同要素来完成业务的整体生产。再把 A、B 两国和这两项中间服务的生产水平、包括生产、管理、沉没在内的成本与两国对于标准化的中间交易成本与交易价格进行综合分析,研究服务项目外包在这些因素合力作用下出现的结果。研究将得出以下结论:服务项目的外包过程特别复杂,受两国中间服务的生产水平、生产、管理以及沉没成本,还有两国对于标准化中间交易成本与价格,还和双方资源禀赋、市场对项目的接纳能力、市场价格、服务供给相关,此外,还与最终服务提供商对外包的中间服务进行垄断定价的能力等不同原因相关。

3.4 生产性服务离岸外包的技术外溢效应

3.4.1 服务外包技术外溢的途径

当前国际生产性服务离岸外包的发包方主要是美、日、欧等发达国家的跨国公司。作为先进技术载体的跨国公司在全球的服务外包意味着相应的技术向国外转移,使得承接国很容易获得先进技术,造成技术外溢。生产性服务离岸外包主要通过以下两种途径产生技术外溢:

(1)直接途径:实行国际外包的跨国公司为更好地完成其外包任务,向东道国的承包企业提供技术顾问或培训当地员工,这为国家间的技术交流提供了机会。跨国公司在外包其服务业务的同时通常会制定服务标准或设计服务蓝图,使得显性的知识以此为载体向服务承包商转移。

(2)间接途径:R&D成果的外溢。在计算机信息服务外包中,大量数目的软件外包使得软件、数据安全设备中的创新成果向承包商溢出[1]。由于技术外溢效应的存在,承接国在有效地完成国际承包任务的同时,提升了自己的服务提供能力,从而使得国内最终产品部门可以使用的中间投入品种类增加,从而提升了国内的技术水平和服务提供能力。

3.4.2 模型及假设

由于知识具有中间产品的性质,Romer(1990)引入一个显现的研发部门来解释技术进步的内生性源泉,从而提出了一个具有外溢性知识的内生增长模型。在这个模型中,技术具有外部性特征,从而使整个经济的生产规模报酬递增[2]。

本部分借鉴 Romer(1990)的建模思路,建立一个包括竞争性的生产最终产

---

[1] 刘绍坚.中国承接国际软件外包的现状、模式及发展对策研究[J].国际贸易,2007(6).
[2] 基于 R&D 投入的内生增长模型主要以 Romer(1990),Grossman 和 Helpman(1991),Howitt(1992)所发展的模型为代表。

品(货物)的部门和物质类及服务类中间投入品的生产部门模型,并引入一个研发部门,考察生产性服务离岸外包的技术外溢对承接国技术进步的影响。中间投入品分为物质投入和服务投入,其中物质投入品在承接国国内生产,服务投入以承接生产性服务离岸外包的方式提供。

本模型考察一个包括三个部门的开放分散经济,即最终产品生产部门、中间投入品生产部门和研发部门①。生产过程中一共有三种投入要素—人力资本(H)②、技术(A)和物质资本(K)。经济中只有一种最终产品,其产量用Y表示,由最终产品部门生产。人力资本既可以投入到最终产品部门的生产(H_Y),也可以投入到服务类中间产品部门的生产,还可以投入到研发部门从事技术的研发(H_A),即$H = H_Y + H_A + H_j$,其中人力资本总量H为定值。整个经济体系运行机制如下:

研发部门:人力资本(H_A)+国内技术知识存量+承接生产性服务离岸外包获得国外溢出的技术进行研究开发=中间投入品1;

中间投入品生产商:购买来的中间产品1+本国的物质资本+人力资本H_j+物质类和服务类的中间投入品=中间投入品2;

最终产品生产商:购买物质类和服务类中间投入品2+人力资本H_Y=最终产品。

(1)生产函数

①最终产品生产部门

根据Romer(1990)的内生增长理论最终产品部门的总量生产函数写成C-D形式:

$$Y = AH_Y^a \left(\int_0^M x_i^\beta di + \int_0^{M^*} x_j^\beta dj \right), 0 < \alpha, \beta < 1, \alpha + \beta = 1 \tag{1}$$

其中,Y为最终产品的产量,A为技术水平参数,H_Y为投入到最终产品生产的人力资本。X_i表示某一种物质投入品的使用量,x_j表示以承接生产性服务离岸外包的方式提供的某一种服务投入品的使用量。M表示物质投入品的

---

① 由于服务产品的可储存性特征,承接生产性服务离岸外包一方面向国外最终产品部门输出服务,另一方面增加了本国最终产品部门可以使用的服务类中间投入品的种类,这正是本研究所考察的技术进步的源泉。

② 为简化模型的分析,本研究暂不考虑非熟练的劳动力要素(L)。这有别于Romer(1990)的模型。

种类数,M^* 表示服务投入品的种类数,设 M 和 M^* 是连续而非离散的。中间投入品的数量表示技术创新的成果。M 的大小反映了承接国技术水平的高低,M^* 的大小反映了发包国技术水平的高低[①]。

②中间投入品生产部门

在中间投入品部门,在 $[O,M]$ 上分布着无数个中间投入品生产企业,每个企业只生产一种服务类或物质类的中间投入品,而且这些中间投入品之间不存在直接的替代关系或互补关系。该部门使用物质资本和人力资本及研发部门提供的设计方案来生产和提供中间投入品。假设生产一单位物质类型的中间投入品需要 η 单位的物质资本,提供一单位服务类型的中间投入品需要 λ 单位的人力资本[②]。因此,投入到物质类中间投入品部门的物质资本总量为:$K = \eta \int_0^M x_i di$,投入到服务类中间投入品部门的人力资本总量为:$H_j = \lambda \int_0^{M^*} x_j dj$。物质类和服务类中间产品部门的生产函数分别为:$x_i = K_i/\eta$ 和 $x_j = H_j/\eta$[③]。其中 $\eta > 0, \lambda > 0$。

③研发部门

研发部门开发出新的产品品种或设计方案,研发部门的产出取决于两个方面的投入,即人力资本和知识存量。知识存量包括两个方面:一方面是承接国国内已有的技术知识存量,另一方面是通过参与生产性服务离岸外包对国外技术的模仿、学习和吸收所获得的技术外溢。因此,研发部门的生产函数形式可以表示如下:

$$M_A = \delta H_A (M + sM^*), s > 0 \tag{2}$$

其中,M_A 为研发部门技术知识的增量,δ 表示承接国研发部门的生产力参数,s 为技术溢出系数,它体现为本国研发部门的创新与承接生产性服务离岸外包获得的技术溢出。

我们假设代表性家庭在无限时域上有一个标准的固定弹性效用函数,该效

[①] 更确切地讲,M 的大小反映了承包国在物质投入品生产方面的技术水平的高低,M^* 的大小反映了发包国在服务投入品提供方面的技术水平的高低。该技术通过服务外包向承接国溢出,从而使得承接国可以增加服务投入品的种类数。此处的 M^* 不包括其他渠道如 FDI、货物贸易等获取的中间投入品。

[②] 本研究所讨论的服务仅限于生产性服务,生产性服务的提供需要相对较多的人力资本。因此本研究假设服务类中间投入品的提供只与人力资本有关。

[③] 在这里,H_j 为投入到每一种服务类中间投入品生产中的人力资本数量。

用函数为 Ramzey 形式：

$$U(C) = \frac{C^{(1-\theta)} - 1}{1-\theta}, \theta > 0 \tag{3}$$

e 为边际效用弹性，它是跨期替代弹性的倒数。

为进行竞争性市场均衡分析，我们假设最终产品市场、资本市场和劳动力市场是完全竞争的，对于中间投入品市场，我们做两个假设：(1)中间投入品部门是垄断竞争的；(2)当中间投入品生产商的上游部门（研发部门）研发出一个新的产品品种或设计方案以后，这个新方案被某一中间投入品生产商购买，并垄断性生产产品或提供服务。

3.4.3 竞争性均衡分析

(1) 厂商利润最大化

①最终产品生产部门

最终产品生产部门的厂商通过选择物质类中间投入品 x_i 和服务类中间投入品 x_j，以及雇佣人力资本 H_Y 以使自己的利润最大化：

$$\max \pi_i = Y(H_Y, x_i, x_j) - W_Y H_Y - \int_0^M P_i x_i \mathrm{d}i - \int_0^{M^*} P_j x_j \mathrm{d}j \tag{4}$$

W_Y 表示人力资本的报酬收入，P_i 表示物质投入品的价格，P_j 表示服务投入品的价格。上式分别对 x_i 和 x_j 求导，得到竞争性市场条件下最终产品生产企业的利润最大化的一阶条件为：

$$P_i = A\beta H_Y^\alpha x_i^{-\alpha} \tag{5}$$

$$P_j = A\beta H_Y^\alpha x_j^{-\alpha} \tag{6}$$

$$W_Y = \partial Y / \partial H_Y = \alpha Y / H_Y \tag{7}$$

进一步得到：

$$X_i = H_Y (A\beta/p_i)^{1/\alpha} \tag{8}$$

$$X_j = H_Y (A\beta/p_j)^{1/\alpha} \tag{9}$$

②中间投入品生产部门

由(5)式、(6)式可以看出，中间投入品生产企业面对的需求函数是向右下方倾斜的，意味着存在由于对中间投入品的垄断生产而带来的垄断利润，这正是企业持续创新的微观激励所在。r 表示物质资本租金，w_j 表示服务类中间投入品部门的人力资本报酬[①]。

物质类中间投入品部门的最大化利润为：

$$max\pi_i = \int_o^M (P_i x_i - r\eta x_i) \mathrm{d}i = \int_o^M (A\beta H_Y^\alpha x_i^{1-\alpha} - r\eta x_i) \mathrm{d}i \quad (10)$$

由一阶最优条件得到物质类中间投入品部门的垄断定价和厂商的均衡产量分别为：

$$P_i = r\eta/\beta \quad (11)$$

$$x_i = H_Y (A\beta/p_i)^{1/\alpha} = H_Y (A\beta^2/r\eta)^{1/\alpha} \quad (12)$$

服务类中间投入品部门的最大化利润为：

$$max\pi_j = \int_o^{M^*} (P_j x_j - W_j \lambda x_j) \mathrm{d}j \quad (13)$$

由一阶最优条件得到服务类中间投入品部门的垄断定价厂商的均衡产量分别为：

$$P_j = W_j \lambda / \beta \quad (14)$$

$$X_j = H_Y (A\beta/p_j)^{1/\alpha} = H_Y (A\beta^2/W_j\lambda))^{1/\alpha} \quad (15)$$

由(12)、(15)式进一步得到最终产品部门的均衡产出为：

$$Y = AH_Y^\alpha (M x_i^\beta + M^* x_j^\beta) = AH_Y^\alpha M H_Y^\beta (^A\beta^2/r\eta)\frac{\beta}{\alpha} + M^* H_Y^\beta (^A\beta^2/W_j\lambda)\frac{\beta}{\alpha}$$
$$= \beta^{\frac{2\beta}{\alpha}} A^{1/\alpha} H_Y [(^r\eta)^{-\beta/\alpha} M + (^W_j\lambda)^{-\beta/\alpha} M^*] \quad (16)$$

所以，中间投入品生产部门的垄断利润为：

$$\pi_2 = M(P_i - r\eta)x_i + M^*(P_j x_j - W_j \lambda x_j) = \alpha\beta^{1+\beta/\alpha} A^{1/\alpha} H_Y [(r\eta)^{-\beta/\alpha} M + (W_j\lambda)^{-\beta/\alpha} M^*] \quad (17)$$

③研发部门

假设在研发部门中间产品的设计方案的专利价格是 P_A，人力资本的报酬是 W_A，则研发部门的最大化利润为：

$$max\pi_3 = P_A M_A - W_A H_A = P_A \delta H_A (M + sM^*) - W_A H_A \quad (18)$$

由一阶条件得到在均衡条件下研发部门的人力资本报酬为：

$$W_A = \delta P_A (M + sM^*) \quad (19)$$

这个部门也是完全竞争的，假设研发部门在做出决策开发出一种新设计

---

① 在这里 $W_j = \int_o^{N^*} W_j \mathrm{d}j$，其中 w_j 为投入每种服务类中间投入品生产中的人力资本报酬。

时,将会使其出售中间产品设计方案的专利价格等于中间投入品生产部门利用该专利赚取利润的贴现值总和,即:

$$P_A(t)=\int_t^\infty \exp[-\int_t^T r(s)\mathrm{d}s]\pi(t)\mathrm{d}t \tag{20}$$

该式对时间 t 求导,可得到:

$$\pi(t)-r(t)\int_t^\infty \exp[-\int_t^T r(s)\mathrm{d}s]\pi(t)\mathrm{d}t=0 \tag{21}$$

即: $\pi(t)=r(t)P_A(t)$

则 $P_A(t)=\pi(t)/r(t)=\alpha\beta^{1+\beta/\alpha}A^{1/\alpha}r^{-1}H_Y[(r\eta)^{-\beta/\alpha}M+(W_j\lambda)^{-\beta/\alpha}M^*]$
$$\tag{22}$$

(2)家庭效用最大化

家庭在无限时域内在资产约束条件下寻求效用最大化:

$maxU(C)=\int_0^\infty e^{-\rho t}\frac{C^{1-\theta}}{1-\theta}\mathrm{d}t \qquad \rho>0,0<\theta<1$

$s.t. \dot{a}=ra+w-c$

其中, ρ 为消费者的主观时间偏好率。a 为人均资产,r 为利率,w 为工资率。代表性家庭最优化得出消费增长率的一般表达式:

$$g_c=\dot{C}/C=\frac{1}{\theta}(r-\rho) \tag{23}$$

(3)劳动力市场均衡

假设经济中的人力资本可以无成本地在各部门自由流动,那么,在均衡条件下,最终产品部门、服务类中间产品部门和研发部门的人力资本的报酬应该相等,即: $W_A=W_J=W_Y$

$$W_Y=\frac{\partial Y}{\partial H_Y}=\frac{\alpha Y}{H_Y}=\alpha\beta^{2\beta/\alpha}A^{1/\alpha}[(r\eta)^{-\beta/\alpha}M+(W_j\lambda)^{-\beta/\alpha}M^*] \tag{24}$$

$W_A=\delta P_A(M+sM^*)=\delta(M+sM^*)\alpha\beta^{1+\beta/\alpha}A^{1/\alpha}r^{-1}H_Y[(r\eta)^{-\beta/\alpha}M+$
$(W_j\lambda)^{-\beta/\alpha}M^*]$
$$\tag{25}$$

$$\text{由 }W_A=W_Y\text{ 可以得到}: H_Y=\frac{r\beta^{-1}}{\delta(M+sM^*)} \tag{26}$$

$$W_J=M^*W_j=M^*P_j\partial x_j/\partial H_j=M^*P_j/\lambda \tag{27}$$

由 $W_J=W_Y$ 并结合(6)式、(9)式可以得到:

$$H_J=\lambda\int_0^{M^*}x_j dj=\lambda M^*\overline{x_j}=\frac{r\lambda M^*\beta^{1+\beta/\alpha}A^{1/\alpha}}{\delta(M+sM^*)} \tag{28}$$

由于 $H_A=H-H_J-H_Y$,结合(26)和(28)式得到:

$$H_A = H - \frac{r(\beta^{-1} + \lambda M^* \beta^{1+\beta/\alpha} A^{1/\alpha})}{\delta(M + sM^*)} \quad (29)$$

结合(2)式和(29)式,得到服务承接国的技术进步率为:

$$g_N = \frac{\overline{M}}{M} = \delta H_A \left(1 + \frac{sM^*}{M}\right) = \delta(1+sd)\left[H - \frac{r(\beta^{-1} + \lambda M^* A^{1/\alpha} \beta^{1+\beta/\alpha})}{\delta(M + sM^*)}\right] \quad (30)$$

其中,$d = M^*/M$,d 代表了承接国和发包国的相对技术差距。根据 $K = \eta M \overline{x_i}$ 和 $Y = \beta^{2\beta/\alpha} A^{1/\alpha} H_Y [(r\eta)^{-\beta/\alpha} M + M^*]$ 推出:在均衡状态下,K,M 及 Y 的增长率相同。根据 $\frac{C}{Y} = 1 - \frac{\overline{K}}{Y} = 1 - \frac{\overline{K}}{K}\frac{K}{Y}$,由于 $\frac{K}{Y}$ 为常数。因此(23)和(30)式可以得到如下命题:

开放经济条件下,平衡增长路径上每个经济变量的增长率为:

$$g = g_Y = g_c = g_K = g_M = \frac{\delta(1+sd)H - (\beta^{-1}M^{-1} + \lambda d A^{1/\alpha} \beta^{1+\beta/\alpha})\rho}{1 + \theta(\beta^{-1}M^{-1} + \lambda d A^{1/\alpha} \beta^{1+\beta/\alpha})} \quad (31)$$

在各参数 α,β,η,λ 和 δ 既定的情况下,式(31)表明,在开放经济条件下,生产性服务离岸外包产生的技术外溢、承接国国内人力资本存量和国内外相对技术差距是影响承接国技术进步和经济增长的重要因素。通过对(31)式求偏导,可以得到 $\frac{\partial g}{\partial H} > 0$,从而我们有:生产性服务离岸外包产生的技术外溢对承接国的技术进步和经济增长具有正向的促进作用。开放经济条件下,承接国人力资本规模的扩大能够提高技术进步率和经济增长率。

第 4 章

生产性服务业创新升级的 FDI 模式

服务并非实体商品,这一特殊的产品属性决定了它不能被传送或储存,不管它有没有比较优势,服务提供国都不能直接把它出售于第三方消费者,需求方也不能直接对其进行消费,必须前往服务提供方才能够享受到服务。1990年服务贸易总协定 GATS 划分了四种不同类型的服务贸易范围,其中小规模的服务贸易仅限于消费者人员的跨国流动,因此这一"过境消费"服务贸易就无法成为世界服务贸易的中心。只有当服务贸易提供国在市场范围广的需求国进行直接投资并以企业形式直接存在才能成为服务贸易的主体。消费者可以直接使用本国货币在本地区购买到海外资本的服务项目且不需要外汇,这种形式实际上是资本的跨国流动,即企业海外直接投资。

4.1 国际服务贸易提供方式的选择

服务性跨国企业只有在对企业自身优势、海外市场进行整体评估之后才能够选择出最合适的国际服务贸易提供方案。以上因素可分成企业所有权优势、公司内部化优势以及承接方区位优势(OIL 优势)。其中:与别国企业不同的优势即为所有权优势;因外部市场不够完整而把企业优势利用内部化方式保存在公司内部称为内部化优势;所谓区位优势则主要针对项目承接方而言,具体来说,包括基础设施建设、人力资源、政策优惠等凡是能给跨国公司以发展便利的条件都可以是区位优势。全球服务贸易提供方式的选择如表 4.1 所示。

表 4.1　国际服务贸易提供方式的选择

提供方式	所有权因素	内部化因素	区位因素
跨境提供	＋	－	－
境外消费	＋	－	＋
自然人流动	＋	＋	－
商业存在	＋	＋	＋

注:"＋"表示具有某种因素;"－"表示缺乏某种因素。

以上四种决定模型,跨国公司具备不同优势需采用不同的方式进行全球贸易,具体来说,当所有权、区位优势、内部化优势都具备时,可利用直接商业投资进行全球服务贸易,当具备区位优势与所有权优势时,只能通过境外消费方式;当具备内部化优势与所有权优势时,可利用自然人流通方式进行,如果仅有所有权优势,那么只能通过跨境服务的方式进行全球贸易。决定模型仅限于分析框架的参考,具体的贸易方式选择,还需要企业对现实情况并结合企业发展规划等进行综合考虑。

尽管现在比较缺乏对全球贸易的选择模型进行特定的研究,但跨国公司可以利用上述四种模型对服务贸易的提供方式进行相应的选择。以上四种模型并非相互独立,跨国性企业对服务贸易提供方式的选择也并非一成不变,而是会根据具体的执行情况以及企业未来发展战略进行实时调整。通常来说,全球服务贸易提供形式会出现实时变动,如图 4.1 所示。

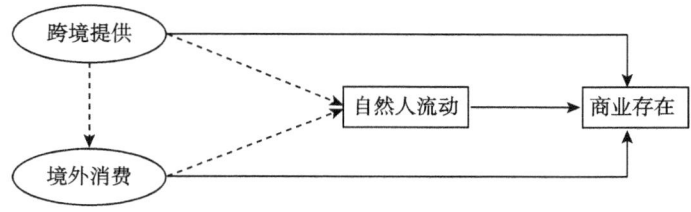

图 4.1 国际服务贸易提供方式的变换

如果公司仅限于所有权优势,那么"跨境提供"手段是唯一的选择方式。以肯德基、麦当劳等餐饮行业为例,这类企业利用经营许可、签订管理合同以及许可证协议等形式将企业自身的商标、生产专利、运作模式以及软件外包等无形资产授予第三方企业以便打通海外市场出售服务项目。在这之后,企业可在目标市场形成一定的规模效应,内部化优势随之产生,接下来,企业便可通过自然人流动的方式在目标市场国设立总部或办事处,实际上是本国企业在海外市场的分公司,总管这一目标市场的自然人称之为区域CEO[①]。这方面美国微软、IBM等大型跨国公司最具代表性,它们都通过在中国建立办事处来打通中国市场。接下来,便可整合目标市场国的区位优势,并与企业所有权优势、生成的内部化优势合并,通过商业投资的方式在目标市场国新建独资或合资的工厂来完成服务项目的生产与供应,以美国花旗银行、汇丰银行等金融服务行业以及IBM、惠普等软件行业为例,它们都与中国进行合资或独立出资建立分公司,有的连研发中心都在中国成立。

上文已经提到,由于服务产品属于不可移动产品,因此如果企业只有所有权优势与区位优势时,只能通过"境外消费"的方式进行服务项目的提供。以旅游和教育产业为例,旅游地是自然生成的,非人力所能搬迁,因此,要想获得旅游服务体验,就必须亲自前往旅游区;如果想要进入哈佛大学或伯克利音乐学院深造,就必须前往美国。只有当这些服务具备了相当程度的内部化优势,相应的商业投资选择才能成为可能。闻名全球的迪士尼乐园之所以能在全球各地建立游乐园正是依赖于其实现了品牌与内部价值的合并。教育行业同样如此,在具备内部化优势之后,通过外派老师或以客座的形式去别的国家提供教育服务,接下来,便可以利用自然人的流动在目标国建立教育机构或教育顾问团队,以商业化的形式将这一服务留存在目标国市场。

目前,许多服务性跨国公司的前身属于制造行业,因此尽管这些企业并不具备内部化优势,但得益于制造业与服务业的交叉作用,这些企业在进行全球服务贸易时也能够直接通过商业化投资的方式完成服务的提供。所以虽然上文区分了三种不同的优势以及选择方式,但在全球贸易中,商业化投资仍然是主流方式。在国际关税协定中,许多产品无法通过出口流入海外市场,想要开

[①] 陈明,魏作磊.生产性服务业开放对中国服务业生产率的影响[J].数量经济技术经济研究,2018,35(5):95-111.

拓市场,提高需求,跨国生产便成为唯一的手段。因此,服务型跨国公司成为全球服务贸易的主力军,这些跨国公司的出现以及做大做强,将很大程度上影响国际分工和国际市场走向。得益于市场资源、技术垄断、所有权集中、政策支持等因素,这些跨国公司发展日益壮大,成为全球服务贸易必不可少的一环,它的发展态势在一定程度上也能反映出整个世界市场的风向。

4.2 生产性服务业跨国企业的全球资源配置

4.2.1 服务型产品的特质

虽然服务型跨国公司的发展具备多种有利因素,但也要认识到其发展的制约因素。与有形产品不同,服务型产品具备无形性、多样性、异质性、不可分性等特殊属性,这些特性在一定程度上构成跨国公司发展的瓶颈,受制于以上特性,要实现交易必须满足双方在物理条件下的无限接近。不同特性的制约将导致企业服务贸易选择方式的不同。随之而来的便是服务业的国际化程度落后于制造业,并造成服务业在国际贸易中的落后。在以上制约因素当中,不可分割性对服务型跨国公司的影响最大,也是被学者最为诟病的一点,主要观点认为,生产与消费作为一个整体只有在同一或相近地域范围内才能实现,这也是制造业与服务业在海外贸易中最大的区别。

(1) 生产与消费的不可分割性

从传统制造业的观点看来,生产与消费属于同一过程,消费者也能够直接参与生产,而这种不可分割性直接成为服务型跨国公司扩张的最大掣肘。因此,要想进一步扩张,就必须争取企业的生产与消费在地缘上无限接近。服务行业的不可分割性又可称为区位锁定效应,特定生产和消费的紧密联系,因此服务型企业必须在海外建立子公司,才能满足消费者能够进入服务生产环节,这对于服务型企业进入国际市场的能力来说,无疑是一种限制。出口仅作为一种有限的手段,同时依赖于总部建立的子公司的支持。[①] 因此,服务型企业无

---

① 陈宪,黄建锋.可贸易性:决定因素与影响分析[J].上海经济研究,2004(4).

法照搬制造业在海外经营的经验,还需要单独建立海外子公司来维持生产与消费在统一维度上的平衡。如果迪士尼乐园想要进一步落实主题公园进化,那么它便无法忽视全球所有的子公司,而必须在所有的目标市场都建立主题公园才能保证企业战略与实际执行情况的一致性。

产品消费与生产的不可分割性也导致了以下几个问题:一是必须满足高质量的产品输出,提示消费者正确区分服务供应方的质量和服务产品本身的质量;二是生产和出售的一体化进程加快;三是服务的定制化和市场的进一步细分也被加快。以上问题对于服务产业的海外市场扩张而言至关重要,主要体现在生产而非销售。尽管服务产品整体来讲不能直接售卖,但仍然存在一些方面能够被贸易和出口,因此本地国家的办事处与出口都是服务行业海外经营的手段,且在一定程度上能够互相促进、互相匹配。随着通信技术的发展,邮寄、无线通信等手段弥补了生产与消费在空间上的距离,因此,服务产品的消费并不一定需要直接面对面的完成,可以把服务要素从产品全要素当中进行分离,实现生产与消费的异域进行。虽然像汽车维修、快餐等生产和消费同步进行的软服务无法分离,但诸如工程设计、软件出售等生产和消费当中能够被分离的硬性服务却能够进行出口,同时可以采用建立海外办事处、海外投资建厂等方式实现服务的全球化经营。

(2)无形性

无形性是所有服务性质的产品都具备的特点。因此,对于区位选择,服务行业要比制造业有着更多的限制条件,实现差异化服务的难度也会更大,所以专利技术就成为服务业实现差异化的必要前提条件。但是并不是所有企业都具有专利条件。因此,网络技术的应用以及规模经济的效益就成为众多没有专利的服务型企业所追求的目标,以便通过网络和规模化经营来实现生产与销售的分离。

同时,服务行业的高成本、其他行业进入服务范畴进行合作的壁垒以及无形性特征使得服务型企业在目标市场的业务对接、子公司运营方面充满障碍,只有大型的服务企业才能够勉强维持企业的海外营收。消费者的消费行为具有恒定的特征,具体表现为消费习惯的恒定、消费选择的恒定。因此,一家熟悉的本地企业比不熟悉的国外企业更能够招揽生意。同时,服务型产品的无形性让消费者对于产品质量的把握和评判造成很大的影响,它不像实体商品一样肉眼可见,产品质量也可线下评测。因此,对于消费者的接受程度而言是很大的挑战,从而增加服务性质企业对海外市场的掌控,与跨国性制造业相比,服务型企业的海外扩张和创业之路更加艰难,成本也更高。

(3) 异质性

受制于服务行业的变动性和服务提供的多样化,服务产品往往还存在异质性。具体来说,劳动力密集型服务企业所生产服务产品的质量不够恒定。因此,对于服务产品的质量标准出现很大变动,进而影响服务性质的企业很难将企业形象识别系统在国家范围内进行推广和维护。此外,产品质量的担保与控制还有企业的海外运作也出现很大的困难。因此,企业只能用资本来取代不必要的劳动力,将资本要素在生产成本中的比重提升,相应地降低人力成本在生产要素中的占比;还有一种方式是建立跨国公司,打造规模经济。此外,服务提供方与需求方的波动趋向也会影响到服务的异质性,服务提供方、服务提供时间、服务提供区域等因素都会影响到服务质量水平。

4.2.2 服务业跨国公司与制造业跨国公司的差异

服务型跨国企业海外投资同样容易受到外部因素的干预,例如目标国政府政策的阻碍、投资国与目标国之间的文化背景差异、意识形态难以共生、消费者层次不同等。

(1) 政府干预与规制问题

虽然服务行业的海外投资能够给当地带来明显收益,但目前世界上仍有很多国家对外企的本地化经营进行限制,这在很大程度上限制了服务行业在海外的生产规模。政府采用国内优先政策、对外企更严格的税收制度、不平等的就业保障以及外部企业进入本国在所有权方面的限制等对外资企业的本地化经营与扩张进行限制。具体来说,通信技术行业、金融服务行业、公路运输行业以及健康保险行业等策略较为敏感的行业政府都会制定苛刻的政策,更有一些发展中国家会对服务业的外资占比和经营方式进行限制,这些都不利于外资企业在本地的扩张发展①。

政府通过政策上的限制,一定程度上阻碍了服务行业的远程贸易,使得外资企业只能直接在海外完成投资生产。另外还有些国家完全禁止海外资本进入本国进行投资和贸易,直接把海外服务型企业在当地的发展计划阻隔了。以我们国家为例,尽管我国自20世纪改革开放以后推出许多利用海外企业投资的优惠政策,东部沿海一带也最先开始招商引资并发展起一批出口导向型企业。随着改革开放的不断深入,金融服务、保险理财、同喜科技、公路运输等行业也陆续发展。但在包括中国在内的发展中国家看来,服务行业因其无形性仍然属于非贸易行为,本质上要由国内企业来控制。因此,在相关法律制度上并不纯熟,一些专业的审计部门也不会配合外资企业的工作,这些都是影响外资在本地扩展的障碍所在。

(2)文化差异问题

与制造行业纯生产性行为相比,服务行业更加需要沟通协作。因此,不同的文化习惯、语言隔膜等成为制约服务型行业发展的因素。同时,由于上述因素的影响,服务行业必须克服才能够实现在本地的战略计划。因此,服务行业要比制造业花费更大的成本和技术上的支出来克服因文化、语言带来的发展障碍。

(3)顾客层次问题

与制造业相比,服务业的消费者层次一般更高。以恩格尔系数作为类比,制造业生产的商品好比一般生活消费品,属于价值链的低端,服务类产品因其较高的附加值以及高层次的消费群体。因此可以把服务类产品看成奢侈类产品,消费者购买对象从一般性产品向奢侈品转变,反映出消费水平的提高。现实当中,服务行业的产出逐年上升,在GDP中的占比也持续提升,这种服务规模化也增加了服务行业在整个经济市场的分量。与对制造业的投资不同,服务业的投资方主要是发达国家和大型的国际组织,发展中国家制定的吸引外资战

---

① 陈红霞.北京市生产性服务业空间格局演变的影响因素分析[J].经济地理,2019,39(4):128-135.

略瞄准的也正是这些发达国家企业。经过具体总结,跨国公司当中,制造导向型与服务导向型企业的区别如表4.2所示。

表4.2 服务业跨国公司与制造业跨国公司的差异分析

差异	服务业跨国公司	制造业跨国公司
国际经营初期	设立海外分子机构,少量可以出口	一般通过出口
质量控制	较难	相对较易,可以直接对产品实施
行业进入壁垒	差异化难度大,进入壁垒低,通过网络覆盖和规模经济提高壁垒	可以通过多种方式实行差异化,进入壁垒相对高
政府干预与规制	严格控制	有较多的政策实施
文化差异的影响	较大,必须适应当地文化背景,本土化程度高	有影响,但企业可以根据战略定位来确定本土化程度
顾客层次	较高,较多在发达国家和地区	全方位层次,广泛分布于不同经济水平国家和地区

资料来源:笔者整理。

4.2.3 生产性服务业FDI的战略动机

在多种因素的合力作用下,很多服务类企业逐渐成为全球性公司。在这当中,有些是仅在服务行业才存在的因素,而有些是适用于所有行业的因素。对这些因素进行分析可知,假设制造业与服务业都受某一因素的影响,但在具体表现形式上也各不相同。

(1)跨国公司战略动机的一般分析

①市场寻求战略动机。吸引海外企业直接进入投资的因素最主要就是市场容量,或者说本地市场需求,然后再把公司业务、生产环节搬迁到投资国进行一体化生产,跨国公司不止会在一个国家进行投资,通常倾向于在多个国家进行生产与销售,以便扩展国际市场。由于每个国家市场的需求特征不尽相同,因此,整个世界市场被区分了多个独立的区域化市场,这些区域化市场构成了

目前世界市场的整体经营环境。跨国公司的扩张策略决定了其所有的海外工厂所生产的产品都与本国总部一样,这反映出跨国企业内部的分工层次。总部授予分公司高度的独立性,在同一个品牌战略下,海外子公司所有的项目进展、业务往来都不用和总部同步进行,与其他子公司之间也相对独立,经济上的往来较少。外资总部对于子公司的管理与控制非常松散,这涉及许多方面的因素,总体而言,总部只在所有权以及整体战略方向上对子公司进行相对的约束,但在业务与项目对接上,总部与旗下子公司之间还未能形成一条完整的价值链。

②资源寻求战略动机。跨国公司以资源为导向,为获取海外市场的优势资源而进行的跨国金融服务,参与世界生产的目的在于获取资源并将这些资源内化成自己的整体优势,以便为企业或东道国分公司生产提供资源支持,也为满足不同地区的市场需求。这种资源寻求战略也可称为供应战略,东道国具备的这种资源往往是跨国企业想要获得的对象,这些资源往往是企业本身不具备的或在东道国属于成本较低的资源。例如,对于发展中国家而言,劳动力资源、生产所需原材料等一般就属于这种情况。随着世界经济竞争形势的不断变化升级,企业对这些优势资源的范围也逐渐扩大,从最早的原材料开始向劳动力和技术、基建等资源扩张。

③效率寻求战略动机。所谓效率寻求指的是为节省生产成本而进行的海外投资。发达国家企业往往喜欢把一些附加值低的业务外包给发展中国家完成,利用发展中国家廉价的劳动力可为企业节省很多成本,另一种形式是将一些中间工序外包给出价低的第三方公司来完成。亚洲许多工厂便是如此,专门承包发达国家企业的包装和加工业务。但这些发展中国家劳动力水平的提高以及技术工艺的上升,相应的生产成本也会增加。因此这些企业会重新寻找成本低的地区来完成生产。

④战略性资产寻求战略动机。知识产权、所有权、技术专利等属于公司战略资产的核心,所谓企业战略性资产寻求动机意思是跨国性企业在别国投资还有出于获取知识、管理经验、生产技术的目的。

(2)服务业跨国公司以市场寻求为主导的战略动机:以价值链为

分析工具

下面将结合以上几种动机以及各自的特点,把价值链引入动机中进行讨论。经过研究可得,在价值链中不同的行为可能源自于不同的战略动机。在价值链的上游环节倾向于资源导向型,而属于下游环节更倾向于市场导向型,中间环节则属于成本节约型,也可以叫作效率导向型。需要指出的是,资产导向型由于企业特殊的发展规划,在其中任何一个环节内都有出现的可能。如图4.2所示,该模型以制造业价值链为参照基模。

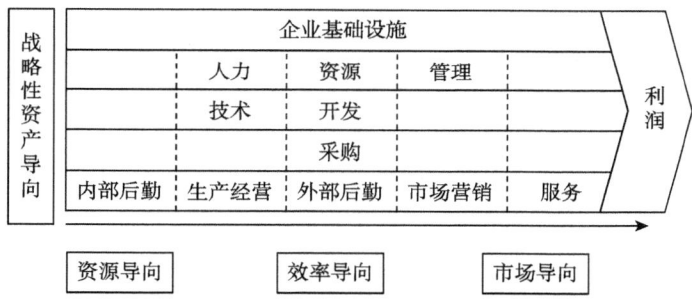

图 4.2 制造业跨国公司国际扩张动因分析:以价值链为工具

资料来源:在熊世伟和宁越敏(1997)的基础上整理。

以上分析模型并不正规,但对于服务业的战略动机分析却有着很好的参考作用。从服务行业项目所接触的对象以及特有的价值链出发,可以看出服务业与制造业在价值链上存在着明显不同,二者内在机理天差地别,服务业所进行的活动主要以市场营销来推动整个业务的发展以及企业的战略方向,对于具体的生产环节、后勤保障环节只能够作为服务行业的辅助性项目而并非主体性项目存在[①]。

服务型企业的基本活动构成了其特有的价值链,以此来关照企业的国际扩张行为便可发现,企业战略规划的直接动因是市场导向而非其他导向,但不排除其他因素也在此过程中起到一定作用,但它们只能够作为辅助性因子起作用,海外生产的目标一定是以市场为直接目的。同时需要注意,企业的价值增

---

① 陈栋.OFDI中研发投入与创新效率研究[J].科学管理研究,2016,(4):106-109.

值行为与发展规划动机间有着明显的对应关系,具体表述为内部后勤同资源获取互相联系,外部后勤和效率导向互相对应,生产活动和资源导向互相关照,而市场营销与服务提供则同市场导向直接对应,以上这些都可以接纳到资产导向当中,如图4.3所示。

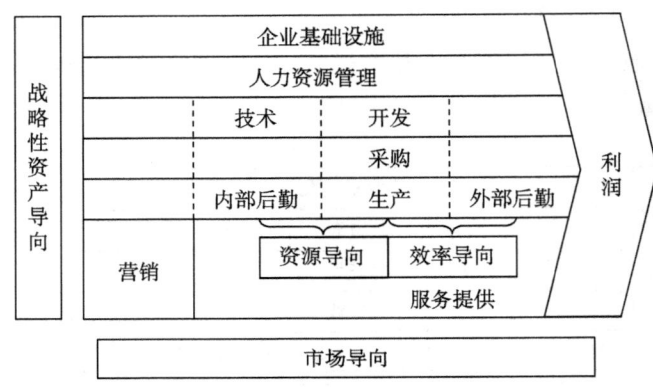

图 4.3 服务业跨国公司国际扩张动因分析:以价值链为工具

资料来源:本研究整理。

因此,由于市场的相互独立,导致企业间价值链构造也不尽相同,出于这一特性考量,可见跨国型企业与其他公司属于复合型关系。本研究从价值链入手,只能在宏观层面对服务型跨国企业的战略因子进行分析,但具体到个别企业,则需要通过分解或合并公司价值链基本活动的方式才能细化研究类别,同时制定出适合这一公司发展的战略导向。

以往服务型跨国公司所进行的海外投资基本都以市场为导向,未来很长一段时间内这一因素将继续作为导向支配跨国公司的投资行为。因此可以说,市场导向因素是服务型跨国企业生产海外服务的主要战略动机。另外,跟随海外客户也是服务类跨国企业提升国家化程度的原因。客户是这种类型公司最重要的资源。通过跟随海外客户,可以最大程度降低市场的不稳定性和不确定性,并提高企业提供服务的集约化与标准化。另一方面,跟随海外客户已经成为跨国性企业扩展公司业务的重要手段,世界经济一体化进程加快,也为跨国性企业的发展与规模扩张提供了契机。因此,这些企业必须争取到更多新的业务项目同时维持原有项目的合作生产。

除客户追踪以外,服务型跨国企业还能够在海外直接投资制造业生产,特别是在一些发展中国家以及对外资逐年放宽管制的国家。企业出于获取信息的需要,可以将一些服务项目直接投资于对外资放宽限制的工价,例如服务咨询、金融保险以及其他的专业服务等类别,同时,这一方式还可以打通项目接入国市场为企业在该地区扩张奠定基础,并将本国客户接入到该国市场当中,实现客户资源的国际化运营。需要注意的是,跟随海外客户仅仅是公司扩展的一种选择,随着总公司在海外的直接投资,即建立子公司,企业会将业务逐渐转移到该国市场运作,同时还有可能将自身业务与服务向其他国家在当地的企业进行渗透,这样一来,跟随海外客户就显得不那么重要,而企业的客户资源更加依赖自行创造。但不论是跟随海外客户还是自行创造客户,企业的行为都还是出于市场导向型动机。

4.3 在华生产性服务业 FDI 的效应

对发达国家而言,跨国公司通过海外投资转移服务项目,既能够实现资源的优化配置,又能够在转入国实现规模效应,增加收入,但对于发展中国家而言,却有着双重的影响。

4.3.1 在华生产性服务业 FDI 的双重经济效应

(1)服务业跨国公司对我国服务业内部结构的影响

发达国家服务型企业进入我国市场,对我国本土的服务业格局产生了很大影响,旧的服务行业在国民经济生产总值中的占比下跌,现代新兴的服务企业比重明显上升。其中特别是邮政通信及其他专业化服务行业,上升率特别明显。同比上升 4.3% 与 4.1%,教育传媒产业同比增长 2.1%,仓储物流行业下降程度最明显,达到 4.5%,金融保险行业下降 2%,除以上行业外,其他行业波动较少。从这方面来讲,发达国家服务行业向我国转移,对于我国产业格局优化起到非常明显的促进作用。

在金融服务、业务咨询、交通运输、通信科技等较为敏感的行业,属于国家重点保护行业,一般不允许外资进入,这实际上是对本国经济的一种保护政策,以上行业均属于国民经济的核心产业,理应由国产企业进行市场控制,同时政府也要能在这些行业上下其手,才能维持社会稳定、保证社会经济平稳发展态势。随着我国对外资的准入调整,外资进入一些核心服务产业的门槛降低,这在一定程度上能够打破本土企业对某一行业的垄断,形成自由市场竞争态势,以便提高服务产品的生产质量和服务水准。但从长远来看,外资企业强大的生命力及技术支持,未来有可能对国产企业完成超越,一旦在生产总值上超过我国本土化企业,将重新形成垄断,且这一垄断形式不利于政府对其进行限制,另一方面也会排挤本土企业的发展空间。因此,我国政府应适当把握外资进入核心服务行业的尺度,既要鼓励外资注入,又要防止因垄断造成的副作用。

(2)服务业跨国公司在华直接投资的产业链效应

一个公司的生产经营可分成三个不同层次,中游和上游是一家公司的核心生产环节,这两个环节所产生的附加值也更大。从地位上说,属于整个公司的价值链战略地位,所以只要有一家跨国性服务企业在一个地方进行投资,相应的也会吸引很多其他外资产业转移,以便形成外资的群聚效应,这些跨国公司聚在一起能够最大程度共享优势资源,节省单方面的生产与沟通成本,长期一定会行程规模效应,为企业带来更大的利润。并由此产生服务行业的价值链,相应的服务产品的生产与销售,都在这一价值链当中进行。

(3)服务业跨国公司在华直接投资的就业与人力资本效应

跨国公司来华投资建立企业最显著的影响就是就业问题,不论何种类型的企业,直接创造产品价值的是劳动力,企业在中国进行海外投资必须聘用大量的中国劳动力。因此,会给劳动力带来很多的工作岗位。此外由于商业合作的关联性新增的投资企业会在东道国建立相应的产品提供商以及专营店、经销商等,这些组织机构的成立也能够间接的拉动就业,海外企业在东道国的直接投资所带来的就业效应以及对应的受益具备指数叠加效应[①]。

---

① 陈晓华,刘慧.生产性服务业融入制造业环节偏好与制造业出口技术复杂度升级——来自34国1997—2011年投入产出数据的经验证据[J].国际贸易问题,2016(6):82-93.

除了直接就业外,另一方面也会间接的促进就业率的提高。近年来外资企业集中资本优势重点在仓储物流、移动通信以及房地产行业进行投资,而以上产业行业相关度较高,一带一能力较强。同时从行业属性划分来看,以上都属于物流行业,这类产业对劳动力的需求较大,就业面空间很广,发展潜力可观。但目前来看,我国自身物流行业发展进程较缓,劳动力在物流行业的就业率不高,而外资的注入会给我国物流行业提供新的活力与源泉,能够在很大程度上刺激我国物流行业对劳动力的需求,整体行业发展趋势也有很大的空间。另外,房地产行业对劳动力的需求弹性很大,它的发展对于整体社会经济的发展都能起到非常大的刺激与引导作用。另外,高素质人才的培养与后补梯队建设对于发展中国家以及一些新兴产业的发展能够起到强大的促进作用。这可以从两个方面入手考虑。

第一,海外企业通过它们内部高度制度化的纪律规定,对劳动力进行严格训练。除此之外,海外企业生产活动一般都会按照国际标准来完成产品的生产、企业的管理,最重要的是外资能够给劳动力提供上升的空间以及发挥自身才能、培训的机会与岗位,让我国劳动力得到自身能力的优化升级,为我国储备更多的符合国际生产标准的高素质人才队伍。

另一方面,外企对于当地就业率的提高、生产经验的传播提供强大的扩散能力,这包括水平领域,即企业与企业间的扩散,又包括垂直领域,即企业向全社会的扩散。具体来说,海外公司的企业管理经验以及相关技术人员或生产线上水平一流的工人离开外企进入本地国产企业,有的会自主创业,这些情况都能把原来海外公司培养的人才引入到新的企业当中,实现外企高素质人才队伍在全社会的扩散,这样既可以增加就业机会,又能够把一些先进的生产技能、管理经验、营销理念等在全社会进行扩散。

最后,东道国本地一些与外企在生产层面以及业务层面有密切联系的企业都能够从外企获得相应的管理经验以及生产技术。另外,外企还能够帮助本地企业进行员工培训以及运营方法的教学,这样一来既能够促进外企与国企的联系合作,又能够提高整个行业的劳动力生产水平。另一方面,海外生产性服务业来华投资也可以从某种程度上促进我国外流人才的回流,对于我国劳动力整体技术水平以及素质结构都会起到很大的促进作用。但同时需要注意,外企对于人才的引进比我国企业做得更好,包括工资标准、服务待遇等等,这些对于国企的人才培养建设以及公司的发展运营将会起到一定的消极作用。

(4) 服务业跨国公司在华直接投资的出口效应

整个行业来看,生产性服务业的转移及产品出口份额仍然比制造业小得多,但却会大大提高我国企业生产产品在出口贸易上的市场竞争力,海外资本注入服务行业将会拉动服务贸易额的增长,服务业整体水平的进步也会对我国制造业的生产力产生良性或消极的作用,为我国带来巨大的出口利润。一方面海外资本的注入集中于物流、商贸、金融服务、广告运营、理财保险等一些利于出口的行业,同时外资能够帮助这些行业实现产品的升级与服务的增值,为我国产品出口提供良好的条件与优势,便于外商接纳。因此利于出口,同时也促进我国与其他海外国家间的贸易交流合作。另一方面,得益于生产技术的先进、管理经验的丰富以及营销手段的特殊性,海外生产性服务业一般能够实现利用更低的成本生产更高质量的服务与更多的产品,将外资作为出口的中间投入,也可以提高我国产品的出口效率,节约贸易成本。

(5) 经济自主权与安全效应

海外企业虽然将资本注入发展中国家,但企业决策、战略规划等都在发达国家本身,不管转移企业属于传统制造行业还是现代服务型企业,发达国家都拥有高度的自主权。因此,对于发展中国家的一些企业政策与相关规定了,可以不予以执行,这就为东道国对外企的管理带来了一定的难度。另一方面,外资企业往往具有所有权上的优势以及先进的技术、品牌知名度、信誉度等优势资产。因此在同东道国合作协调时往往能够占据有利地位。所以,一旦引进过多的外资型跨国企业,将会对我国经济的自主权和管理上造成更多的制约和影响。这些影响对于我国本土企业的发展属于消极的。特别是金融服务行业的外资注入,海外资本利用银行信贷业务、证券发售以及保险理财等营销渠道跟我国本土企业建立商业合作关系。由于以上行业涉及面广泛,同时属于国民经济当中非常重要的支柱性产业,对整体经济社会的影响巨大。

同时,海外资本由于其自身强大的影响力和资金厚度,多样化的业务项目等优势,可以在各国多个地方建立子公司,裂变的速度非常快,这样一来势必会挤压本土企业的生长空间,也给我国经济社会的整体把控造成很大的难度。更严重的是,在全球经济的串联作用以及共振作用的影响下,有可能对我国社会经济和经济安全造成很大的影响。一旦我国在制度层面缺乏有效管控,或失去对外资的相对控制权力,那么在一定程度上将会危机整个社会的经济基本,导致经济波动过大,不利于国民经济的平稳增长。

4.3.2 中国承接生产性服务离岸外包与生产性服务业 FDI 的关联

(1) 两者的相互替代关系

经济全球化最明显的标志就是区域性跨国公司的产生,不论是跨国公司将服务型项目通过离岸外包的形式发包至别国,还是直接利用资本在海外进行投资,都属于发达国家跨国公司扩展业务和企业规模的手段,在一定程度上,当对外投资总额相对恒定时,离岸外包业务增加相应的直接投资就会减少,反过来,海外直接投资份额的增加就会减少离岸外包业务。到底采用何种形式的对外投资企业还要参考成本因素,如果交易成本比商务谈判、合作项目管理、合同执行上所花费的成本更高,这些海外资本会更愿意利用直接投资建立生产性服务公司的方式,而不是服务业务的离岸外包;如果交易成本比商务谈判、合作项目管理、合同执行所花费的成本更低,且东道国对外资的限制较高,直接投资可能存在更大风险时,跨国公司会更倾向于利用离岸外包的形式取代直接投资。

需要注意的是,近年来外资进入中国市场大多采取直接投资的方式,将企业在社会专业服务行业以及房地产行业落地,紧随其后的是餐饮行业与商超零售行业,仓储物流行业,除以上行业外,外资注入资本的可能性较低。资本的直接进入,扩大了本地的就业面积,外资企业先进的技术也可以提高整个行业的生产能力,使得这些行业快速发展、易于形成比较优势,优势条件的形成又能够拉动外企的投资力度,这种循环式增长促进了生产性服务业在我国的发展。但离岸外包业务基本上以技术导向为主,设计领域较窄,具体包括产品研发、技术供应、金融理财等,以上项目都需要强大的资本与技术条件支撑。上文已经提到,在投资总额一定的情况下,生产性服务业务的直接投资会减少离岸外包的资本,而我国目前生产性服务业的投资结构严重失衡,所以对于离岸外包业务的承接造成了很不利的影响。这种行业分布结构畸形的局面进一步加强了生产性服务业与离岸外包的替代关系。

(2)两者的相互补充关系

跨国公司在华的生产性服务行业直接投资以及离岸外包都属于承接发达国家产业的主要形式。二者之间不但具有此消彼长的互斥关系,同时还具有互相补充、互相支持的关系,近年来我国生产者离岸外包项目的增加以及生产性服务直接投资的增长可以印证以上观点。

第一,外资来华进行离岸业务的转移以及我国承接服务外包项目的技术水平,从规模与条件提高上都有赖于生产性服务业 FDI 的积极效应。相对于印度等项目承接大国而言,我国目前所承接的生产性外包项目数量较少,企业规模有待扩张,对于外包项目的进一步发展起到一定的制约作用。其中,软件行业在所有服务外包产业中占比最大。目前,我国参与软件外包的公司总共有 8000 多家,这些行业对于劳动力的吸纳能力不够高,50 人规模以下的企业占比达到 80%,企业劳动力超过 2000 人规模的仅有少数几家。利用生产性服务外包项目招纳生产性服务项目直接投资有利于打破外资注入规模小的发展困境,第一,可利用外企的资本优势,直接在我国进行生产性项目的投资,另外,也能够给我国服务外包业务产生示范性效应,拉动整个行业的发展;第二,国产服务企业通过与外资的合作,吸收发达国家企业先进的生产方式、管理经验、人才培训等,可进一步提高我国服务产业的生产效率以及服务产品质量,进一步扩展国产行业的规模。

第二,对于我国整体服务行业而言,生产性服务项目的招商引资,能够提高我国企业的规模与生产力,进一步提高我国承接外国服务项目的能力与区位条件。外资在我国进行直接投资一方面可以吸引其他跨国公司来华经营,有利于形成服务业的规模效应,另一方面则有利于我国服务行业结构优化。按照相关数据统计,中国目前增长最快的外资型行业就是生产性服务业,以 2016 年为例,我国在服务行业对外国资本的使用比率突破 10%,在制造行业利用外资的占比减少大约 7%,自 2007 年开始我国服务行业整体利用外资的比重逐年增大。对于我国服务行业的整体结构的优化起到很大的积极作用①。

第三,我国大量接收发达国家的服务项目外包有利于拉动生产性服务业务来华投资,具体表现为,发达国家将服务项目发包给我国承接时,还会附带一定的资金支持,这就为我国吸收外资进行生产性服务项目的直接投资提供了资金支持。另一方面,资金累积到一定程度将会扩展外资在生产性服务行业的投资容量。外国企业利用产业转移,将本企业非核心业务发包到发展中国家,利用当地的相对优势进行生产,既能提高总部产业生产效率,又能节省成本,增加营收,同时,增加的利润可用来在东道国进一步的资本注入。中国虽然没有印度那么大规模地吸引外包服务,但其市场空间仍不可小觑,相应的资本聚集效应也能够为外包服务的进一步发展带来很大影响。另外,我国目前对外开放程度还有待提高,对外资的准入限制不够宽松,相应的优惠政策不太到位,通过承接外资服务项目有利于吸引海外资本对在本国直接投资生产性服务项目。

近年来,除北上广外,我国在大连、成都、武汉、济南、西安等城市都已形成相应的外包规模,外包产业发展速度快,产业园区已初步形成。这些地区在人才培养与后期人才梯队的建设、资源聚集以及政策支持上集中整合,已形成较为成熟的产业格局,同时,业务的扩张及与当地企业的合作,不仅在以上地域,还在一些毗邻的地区形成专业的行业卫星城。另外,在产品价值链中,服务行业属于中上游产业,业务属性决定了该行业涉及面的广度,借助服务外包产业的进一步发展,金融服务、保险理财、移动通信等行业也能有所发展,在政策上,对这些行业外资的进入门槛也会有所降低,有利于海外资本优化投资结构,在一些新兴领域进行服务项目的开发与资本注入,也有利于我国服务行业整体的结构优化。

(3)服务外包与 FDI 对东道国/承接国的影响:替代与互补并存

从某种程度上来说,生产性服务业在东道国的直接投资与项目离岸外包还存在替代关系。但站在项目承接国角度来看,两者之间并不存在相互排斥、相互对立的恶性竞争关系,这取决于发达国家跨国公司选择外包的时间段,即东

---

① 董亮,刘兰娟.智慧城市进程中生产性服务业聚集趋势研究[J].科技管理研究,2015,35(12):123—127.

道国承接后外包还是先外包再选择承接国完成产业转移。这在服务行业,可能会碰到下面情况:

第一,技术导向型产业,处于服务行业与制造行业的中间地带。一旦技术成熟能够在生产过程中实现时空分离后,发达国家服务型企业会有更大的选择空间,例如软件研发产业,跨国公司一般会选择向东道国购买所生产的服务产品,而不是直接将服务项目外包到承接国或直接在目标市场进行投资。所以,外包服务项目的增加能够有效减少发达国家直接对外进行资本注入。

第二,在时空上很难达到分离的服务项目。在一些以市场为导向的企业内部,核心业务就是获取最大的消费者,开拓市场辐射深度,并且一些业务无法转移。因此,这一类企业必须在项目承接国进行直接投资,以便获取最大的市场利益。特别是金融服务业,例如,银行产业。但在银行产业的所有业务当中,它的经营管理体系涉及多个方面,但都以非核心业务为主,以信用中心、呼叫服务、后台管理为例,这一类非核心项目随着跨国公司转移至承接国后仍然可以在继续细分业务进行外包。一方面,跨国公司资本的注入以及业务的对接可以促进东道国在这些项目上的发展,另一方面,随着东道国服务项目的成熟,能够给跨国公司提供更好的基础设施建设和行业规模优势。在这两方面优势的共同作用下,对于进一步招商引资会起到良好的拉动作用。实际上,在世界经济朝服务业集中的今天,服务离岸外包与生产性服务业产业转移成为发展的趋势,相应的服务外包型跨国公司旗下子公司和专营企业遍布世界各地,在数量及规模上得到持续增长。通过对东道国的直接投资,不但增加了项目承接国的海外资本总额,而且提高了东道国服务外包项目的整体数量。参加服务外包活动的跨国性企业一般规模较大,生产技术先进,项目承接国可充分利用海外资本及跨国公司先进的技术来发展自身服务企业,提高服务质量及企业实力。

第 5 章

生产性服务业与制造业融合创新模式分析

近年来,国际分工越来越明显,各企业生产链条进一步分化。价值链逐渐细分,每个环节都不再是一家企业垄断,而是需要多家企业及部门协调合作,共同完成生产的创造,制造业越来越需要生产性服务行业的支持。所谓生产性服务业,是企业在生产过程中,将服务性质的项目融入产品生产环节,从主体角度而言,其主要针对企业生产,而非最终走向市场环节。本章立足生产性服务业的基本特征及与其他行业的关联,重点分析生产性服务业在世界价值链环节对制造业升级起到的促进作用。在世界价值链上,不论哪个环节都需要生产性服务业参与,从上游的产品开发设计,到中游的物品生产、货物流通以及下游的市场开拓、品牌建立、商品营销等。在全球生产分工当中,生产性服务业能够增加产品的附加值,提升产品的体验性。另外,随着生产细化、环节相对独立,越来越需要生产性服务来进行中间环节的沟通与协调。因此,对于制造业升级而言,生产性服务业起到非常关键的促进作用。

5.1 生产性服务业与制造业融合创新的内在机理

5.1.1 自主创新对产业融合创新的影响

(1)以自主创新能力推动信息技术的使用力度

信息技术可以弱化产业边界,在生产过程中引入服务项目,使得制造行业渗透进服务化功能;同时通过技术手段将一些服务存储于实体当中,在服务行业渗透进制造的痕迹。

一方面,自主创新能力增强信息技术的使用力度。善于运用信息技术的企业一定具备极强的吸收能力,在这一过程中能够集中考察出企业的知识储备,只有具备深厚知识储备的企业才能很好地利用信息技术。另外,知识储备是一个动态积累的过程,自主创新作为一种隐性的知识积累过程将会大大提高企业的知识储备,从而增强企业对信息技术的吸收能力和结合能力。同时技术在企业当中的运用不能只作为手段,而应内化成一种资源优势,并逐渐融入产品生产、管理理念、企业形象、发展战略当中。

另一方面,自主创新促进信息技术水平的变革。企业在不断增加知识储备的同时,也会不断提高自主创新能力,进而提高对信息技术的运用,并将其体现在企业管理、战略制定等方面。但需要注意的是,是否成功掌握一门技术不但要从理论层面考量,同时也要学会利用理论知识来指导实践,即是否能够将信息技术运用到产品生产等实际操作上。信息技术这一概念的内涵与外延都很广,外延主要是利用某一信息技术而研发出新的核心产品或技术,而内涵主要可分为三个方面,包括对信息技术的使用功能、技术特征的了解,对信息技术的实际操作和驾驭,以及如何处理技术上的漏洞。第三个方面主要是对该技术进行评价,即运用该技术可以为企业带来哪些实际效益同时又存在哪些不足。如果企业只是单纯掌握某一个层面都不算是真正掌握,必须对以上三个层面都非常熟悉才算完全吸收。

需要注意的是,科学技术本身具备高度抽象性和理想性,在实际使用过程中并不一定能够有预估的效果,但又必须在一次次实践当中才能被检验和完善。同时技术无法像实际物品那样被轻易转移,它具备一定的黏性,单纯的山寨与学习无法得其精髓,企业只有通过自主创新并在实际生产过程中不断进行自我矫正,才能够真正掌握一门关键技术,进而提高企业的核心竞争力。所以,自主创新能力的提升将有助于企业提高信息技术的使用力度,从而促进产业间的相互融合。

(2)以技术创新带动企业自主创新能力

根据上文所述,制造行业与以服务为导向的第三产业的融合离不开技术创新的推动。技术创新立足于具体实践,只有在实践中不断发现问题、解决问题才能形成经验性的技术创新①。因此,作为一个学习的过程,技术创新始终会处于一种动态发展的态势。企业需要通过自主创新来学习新的技能,而技术创新能够为企业自主创新提供方法论上的指导,帮助企业更好的生产与管理。技术创新将学与创有机结合,共同构成具有中国特色的企业转型发展格局。

首先,技术创新是一个企业、一家公司在一定的政策背景、发展策略与组织原则下,经过一定时间的摸索与深化达到的结果。因此,其具有经验性。技术创新的积累可同时分为两个部分,一是技术资源的不断改进与提高,具体表现在引进高素质人才、购买先进配套设施、组织架构合理调整;二是技术水平的不断进步及运用的不断深化具体表现在如何分配人才资源、如何高效管理组织系统、如何将技术与实际生产结合运用。由于技术创新属于动态发展的过程,因此可以把技术创新分为不同的阶段,每一个阶段又会在企业内部分成不同的层次结构,主要划分为以下三类:引进、运用、创新。引进指的是把技术引入企业生产流程,并对其有初步的认识和掌握;运用是指将技术切实引进产品生产,并掌握技术的基本特征;创新是针对技术运用之后所发现的一些不足或失误进行纠正或局部再次创新,以提高企业的生产力水平。

其次,技术创新的业态环境具备极强的开放性。对于先进行自主创新的企业而言,往往不需要花费太多的成本,但对于在此之后进行自主创新的企业来说,自主创新不论在研发难度还是研发成本上都要更高。因为后来者的自主创新必须在水平及关键环节上较前者有所突破,否则创新将失去意义。所以在目前的经济发展状况下,一个企业要想提高竞争力,就必须进行自主创新,而不是一味山寨或高仿。同时,为满足变动的市场需求,技术创新必须具备持续性,而保证持续创新往往不是一家企业能独立完成的事情,因此需要各企业通力协作。在协作过程中,免不了在一些生产环节出现融合。因此可以说,技术创新源自于企业的自主研发过程,而技术的创新必然提高企业的学习能力。更好地利用信息技术,信息技术的运用又会在各子系统间出现相互渗透,渗透的结果便是由技术革新带来的两业融合。

---

① 樊文静.出口导向型经济对我国生产性服务业发展的影响路径——基于需求视角的分解[J].国际经贸探索,2015,31(7):19-29.

(3)以自主创新加速企业分工与专业化进程

上文已经把企业的分工与市场细分对产业融合的影响做了简单说明,需要明确的是,经济发展史上任何一次市场细分与生产的分工都是技术变革直接带来的。因此,可以说技术因素是市场细化与企业分工的决定因素。要想达到企业融合的目的,企业必须先提高自主创新能力,再以技术发展带动生产的分工。

首先,新技术的出现特别是算法与人工智能的运用极大提高了社会生产力,原有的分工协作逐渐被人工智能所取代,一些复杂的工序已慢慢交由机器或智能工具来处理,人工逐渐从工厂生产流水线被解放,只需要掌握对人工智能的操控,就可以完成生产与制作,原有的按生产要素进行的分工和工序细分也不再适用于智能时代[①]。如此一来,人工的成本大幅度缩减,而空闲时间可以用来提高员工的工作水平与技能的全面性,员工掌握的技能趋向多元化。因此每个人都能够随时更换工作,从事不同的工种,这便导致社会分工向自由化转变。

其次,企业研发出的新技术一旦被引进整个生产过程势必会导致新一轮分工的出现。新技术的产生对于生产而言是一种延展,一些原本不被纳入生产序列中的项目也会在新技术的带动下成为生产活动中必不可少的工序。例如产品的研发在之前并不属于企业生产的工序,但现在几乎每个大企业都配有自己的研发部门,并且在产品生产中其地位已经超过实体的生产。在计算机领域,研发部门工作能力的高低直接成为企业发展水平的风向标。可以说,对于高新技术产业而言,研发部门已经占据了最重要的位置。新的社会分工开始出现。另外,一旦新技术被引进整个生产进程还会逐渐增加产品的等级划分,原有的宏观等级逐渐在微观层面被肢解,劳动力素质、企业导向等将成为划分的主要依据。例如网络技术应用行业,随着新技术的不断产生、风口的迭代,依次形成了数据咨询、互联网、电商、在线服务等多个不同等级的行业。以往统称为网络技术行业的企业被逐渐分解,企业职能也进一步细分。

最后,新技术体系的建设其过程相对漫长而复杂,在新技术研发时,往往会

---

① 杜君君,刘甜甜,谢光亚.京津冀生产性服务业与制造业协同发展——嵌入关系及协同路径选择[J].科技管理研究,2015,35(14):63-67.

衍生出许多新的工种,进而导致新的分工出现。针对不同情况、不同企业现状,这种由研发导致的分工主要表现为三个类别:第一个类别,部分企业本身实力有限,并不具备独立研发新技术、新成品的技术条件。因此,这一类公司往往会采取外包的方式,将一些核心技术环节交由专门负责研发的第三方公司来完成,或直接购买他人版权,但这一类企业发展容易面临巨大的危险。以中兴手机企业为例,其搭载的核心处理器均为第三方公司所有,一旦拥有核心技术的公司出现抬价或突然中止合作,那么企业将可能破产。第二类一般针对有能力的大型企业,这些企业本身具备较强的科研实力,能够自行研发技术,并将新技术在全公司推广,这类企业往往不太注重产品的生产环节,生产成本大多集中于产品的设计与技术研发,这样一来便将研发独立成一个单独的部门,这也是对生产的一次分工;第三类通常依赖于区位优势或政府扶持,它们需要与其他公司或政府联合研发新技术,这一点以美国硅谷和中国中关村最具代表性,它们将新技术的研发集中在某一区域,这一区域汇聚了同行业多家公司的技术团队,还包括政府的人才资源,研发所得的技术归参与研发公司共同拥有。

从整体来看,自主创新必将导致企业间进一步分化,同时也会造成企业内部不同工序的细分,而细分的结果就是技术与产品不断融合,从而带动制造业与服务业的深度融合。

5.1.2 生产性服务业和制造业价值链的动态对接

生产性服务业代表着未来经济发展的走向,也是现代企业转型发展的必经之路。企业创新机制的成熟以及公司绩效的提高取决于生产性服务业在生产环节中的占比,一般来说,生产性服务业的输出量相当于企业运营的增量。未来,生产性服务业将会促进制造业向世界价值链的高端市场发展。一方面,把世界价值链制造环节中所有的服务项目从制造行业单独抽出,再利用专业化分工机制,将分离出来的项目嵌入服务效能,进一步形成规模效益,通过先进的生产力来提高生产效率,再按照生产链不同环节的需求,将原先独立出来的环节按照结构型或关系型与制造业价值链进行对接。这种动态对接方式取决于生产性服务业与其他行业,主要是制造业的配合机制,配合的力度也会影响生产性服务项目的效度。另一方面,通过服务与制造业的融合,在制造行业当中渗透进服务性能,包括核心技术、知识、上游设计、中游物流、下游品牌营销等,提高制造业价值链的附加值。

(1)制造行业与生产性服务业的分离是世界生产分工的结果

从价值链角度来说,制造型企业的生产环节由原料供应、原料加工生产、流水线包装、再加工、市场销售、售后服务以及其他一些辅助工序构成,例如,前期合作商合同签订、产品研发设计、公司品牌建构、物流、仓储等。基础环节与辅助工序相辅相成、互相配合,共同构成制造型企业的整个生产链条。早期工业化时代,生产性服务只作为辅助性工序嵌入在企业生产内部,最主要的作用在于为生产性产品增加附加值。随着工业化程度进一步加深,社会生产力水平、技术标准进一步提高,市场细化越发明显,消费者需求朝个性化发展。因此,企业必须采取更加专业化、更加灵活的运作方式以满足市场变动。欧美发达国家工业模式发生巨大转变,以往大规模生产的福特主义逐渐被柔性专业化生产所取代。在垂直领域,柔性专业化生产将世界价值链所有生产环节独立出来,包括核心技术研发、产品概念设计、实体生产、管理组织、过程控制、市场营销、售后服务等环节都被剥离,进而将产品研发设计、项目工程管理、企业运营管理、业务咨询服务、审计与法律规定等纳入服务类别,发展成专业的生产性服务部门。

生产性服务行业可以细分成几个类别,一种是功能性服务业,主要参与价值链环节的基础性项目,比较典型的是企业后勤服务以及出入库的物流仓储服务,还有生产环节的运营维修、市场营销以及代理服务等。还有一种是知识密集型服务业,主要负责对制造业生产环节中一些辅助性项目进行处理,例如生产的基础设施建设,包括设备保养、法务审计、企业财务管理等。除此之外还有负责人力资源管理、人事调动、人力培训的服务,以及概念提出、产品研发、核心技术维护等项目。以上生产性服务都能够从传统制造业当中分离成独立的部门,通过专业化分工有效提高部门生产力,从而节省生产成本。对于制造业本身而言,专业化分工以及职能的分化有利于企业集中资源优势与人力打造核心品牌,增强企业核心竞争力,通过购买的方式获得独立的生产性服务项目,既节省了成本,也为生产性服务项目的独立发展提供了更多自由的空间和市场份额。

(2)生产性服务业和制造业价值链的动态对接加快制造业的服务化进程

所谓生产性服务业,意思是在制造业产品当中增加服务性能项目,且这种服务给产品带来的附加值占比较大。从本质上说,是在制造业当中嵌入生产性服务业。微笑曲线提出者、宏碁电脑创始人施振荣曾指出,生产性服务能够给企业带来巨额的附加收入,其主要活动包括产品研发、概念设计、市场营销等。随着技术条件的进一步改善,服务专业化程度得到很大提升,这在一定程度上为产品价值增值提供了基础支持。在计算机市场,传统制造业产生的效益不足1/3,剩下的利润空间则来自服务部门在软件配置、售后维修等方面的价值增值。国外学者 Van 与 Gemmel 曾经提出,制造业中间品中大约有 1/4 由服务输出,倘若把企业内服务算在内,则该比例会更大。在瑞典,服务业除了能给制造业带来高额的中间利润输出之外,其在制造业收入份额中的占比也逐年提高,同时也有利于贸易出口。

随着世界经济一体化程度加深以及世界性生产结构重组、资源优化配置,生产性服务越来越成为企业转型发展、提高利润的关键,制造业与生产性服务业融合程度逐步上升。同时,由分工和专业化而导致的生产性服务相对独立,在新一轮融合背景下,其自身发展迅猛,不仅能够满足分离之前的生产链,同时它还可以加入另外的生产价值链当中,形成新的价值环节,引发新的市场需求。因此,这种动态对接方式又重新使生产性服务业与传统制造业融合。在这一过程中,生产性服务业先进的技术水平、丰富的生产知识、海量的市场资源等要素都可以重新嵌入制造业当中,利用信息技术手段和规模化经营方式,使得制造业管理方式与生产效率都得到很大的提高,实现 1+1>2 的效果,实际上这是一种价值链整合的新形势,产出的价值链将带来更大的收益。

5.1.3 生产性服务业促进制造业升级的实现机制

(1)将生产性服务外包以便集中力量形成核心竞争力

早期制造业与生产性服务业的融合受时空条件限制,往往效果一般,融合程度不够,但信息技术的发展很好地弥补了这一缺陷。网络使得地球连成一个整体,融合双方信息沟通更加便捷,相应的,物品传送也能够突破时间、地域的限制。得益于整个世界信息技术的高速发展,对于合作企业而言,它们可以同时完成多任务传送,生产过程中所需要的零部件、材料、文件等都可以在最短的时间内解决,同时信息技术还能够节省许多由沟通带来的中间成本,这样有利于对各国优势生产要素进行合理配置,找到最优的合作方式,充分发挥低成本要素优势,将企业从全球范围内进行整合,既提高效率,又节省成本。

生产性服务业将企业部分业务外包给第三方公司有利于节省公司生产成本,提高效率,整合优势资源,培育企业核心竞争力。例如,美国苹果公司将旗下手机的安装、电池设计、屏幕设计、摄像头设计等环节都交由第三方公司完成,纽约总部只负责产品的研发、亮点设计、运行系统的搭建和核心芯片的研发。这样一来,企业能够最大程度培育核心竞争力,打造品牌优势,避免在附加值较低的环节浪费过多的成本。此外,通过服务外包也能够将企业运营的风险部分转移至承包公司,避免企业承担过大的生产风险,还能够相对减少企业工作量,集中人力及技术资源优势去主打核心竞争力。Hanson 等一批外国学者曾对国际企业垂直生产网络在世界范围内布局的决定因素进行实证研究,研究主要针对国际型企业怎样通过最优手段建立庞大的全球生产链。研究发现,跨国公司将业务外包主要是由于各国生产成本存在差异。另一方面,随着信息技术的不断提高,生产性服务业的技术占比逐渐增加,随之而来的便是技术发展带来的红利,即成本降低。信息技术重新定义了世界生产链上的交互方式,首先,生产性服务业能够为制造业提供必要的信息,具体来说主要是由市场变动引起的技术创新、管理模式创新、营销策略创新等。

其次,制造业能够从生产性服务当中得到先进技术条件下的产品生产、服务体验等。市场需求是一个动态且充满弹性的过程,企业必须要能提供多样的服务以满足不同时期、不同客户群体的消费需求[①]。世界生产正朝个性化、专业化方向演变,一些非价格因素越来越成为企业竞争的关键。例如,产品概念

---

① 贺正楚,吴艳,张蜜,等.我国生产服务业与战略性新兴产业融合问题研究[J].管理世界,2012(12):177-178.

设计、核心技术研发、性能体验等。因此,在全球价值链系统当中,越来越需要生产性服务为企业增加附加值,提高竞争力,以掌握市场动态。生产性服务对制造业生产效率的提高可以分为两个层面来解释:一方面,企业的专业化水平会在服务的产出过程中不断提高,通过专业化运营而引发规模效益进而提高生产率。前文已经提出,生产性服务业可分为知识产出型企业,这一类企业前期的投入会比较大,但只要形成一定的知识储备并且能够直接为企业获益时,对这些知识的使用过程所产生的成本非常低。同时,作为从这些知识中收益最大的制造行业而言,其与生产性服务的融合也会更加密切。另一方面,对先进技术的使用以及组织规模的改革一定程度上也会导致市场扩张和专业化程度的加强,相应的制造业部门也将面临重新整合。

(2)生产性服务业集聚与制造业协同定位促进制造业规模收益递增

①生产性服务业集聚与制造业协同定位的理论基础

立足投入—产出关系可做出生产性服务行业和制造业的协同定位。从产业垂直层面考量,正是由于制造业对生产性服务的需求,才引发后者在制造业领域的汇聚,二者相互渗透,互为补充。一方面,制造行业需要生产性服务行业对其进行短程的需求提供;另一方面,服务提供方也需要制造业自带的客户资源来开拓市场。

Marshall 指出,制造业和生产性服务业的融合,能够带来三个方面的外部效应:首先是知识溢出。由于两业融合,不可避免会在一些技术层面和生产知识层面产生交叉,而这交叉部分能够在不同行业员工之间自由流动,由此导致知识溢出效应。其次,能够汇集成劳动力池。制造业与第三产业的融合,由于融合造成的分工以及技术在融合过程中所起的作用,员工拥有更多的时间和机会去培育技能,也有更多空闲的时间去从事其他行业。这样一来工人的流动性增强,使得其能够满足不同企业的用工需求,对于企业而言,大量劳动力的汇集则能够在区域内形成劳动力资源优势,有效缓解由劳动力稀缺而导致的生产风险。最后是共享中间投入品。一个行业的成功背后往往是合力的结果,生产性服务业在制造业领域的聚集,能够共享包括核心技术、经验、管理模式、实体产品在内的中间投入品,大量生产要素的共享能够有效节约成本,促进两业进一步融合。有学者提出,从成本角度考虑,生产性服务业最好要和制造业相互毗邻,因为在合作过程中往往需要多次洽谈接触以及业务上的沟通往来,还有材料的供应,产品的输出等环节,如果两业毗邻则能够在沟通环节节省大量的成本,这些节省下来的成本可以挪为他用。以上实证研究都说明了制造业与生产性服务业协同定位将引发巨大的经济效益。

同时,和制造业毗邻也能够让生产性服务业从中获益,这点主要是针对制造业自带的市场资源,由于地缘关系,生产性服务行业往往能够直接对其资源进行整合利用而不需要自行开拓市场。这个道理与商场摆放货物的原则相近,超市一般会把具有某种关联性的物品摆放到一起,以便顾客在选购商品时还能够购买配套产品。在全球贸易当中也是如此,一般企业采购都会选择在某个特定区域内完成,服务型企业与制造业的毗邻正好能够成为其开拓市场的优势、这样不仅能够打包出售服务,还能将一些附属产品一并售出,例如具有强大技术能力的人力资源输出。人员的输出可以把技术带到其他企业运用,即上文提到的知识溢出。另外,二者的规模也会互相影响,且呈正相关关系。生产性服务行业的发展由制造业带来的市场需求所刺激。因此,不同类型的生产型行业主动汇集到制造业领域,形成协同定位优势,利用生产性行业先进的技术和良好的服务体验,将大大提高制造业产品的附加值,降低成本,为制造业增加经济收益,同时也能够进一步促进二者的融合。

②生产性服务业集聚与制造业协同定位促进制造业实现规模收益递增效应模型分析

生产性服务业与制造业汇集的交互关系的理论基础如图5.1所示。

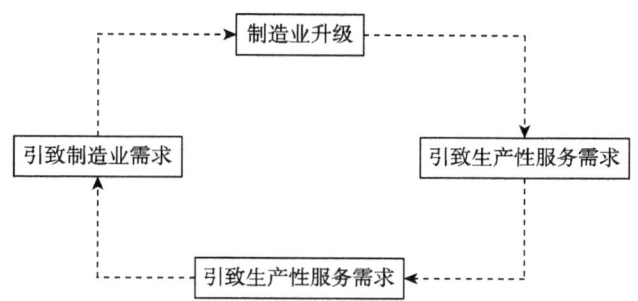

图 5.1　生产性服务业集聚与制造业协同定位下的相互依存关系

本研究基于刘明宇以及 Ethier 等学者的价值链分工模型,对其完善后再研究制造业与生产性服务业的协同定位导致的规模收益递增效应。制造业往往面临较大的同行竞争压力。因此,制造业产品出售价格一般会低于平均价格,当生产性服务业项目的增加,整体产出的成本将会逐渐减少,生产性服务业所产生的规模效益将会随之增长。与此同时,生产性服务的单品价格不会发生改变。生产性服务行业在制造业领域的汇集造成的规模效益递增效应如图 5.2 所示。

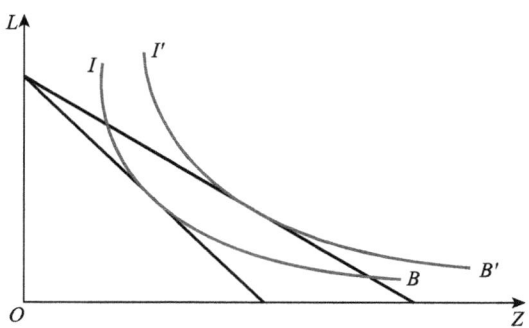

图 5.2　生产性服务业集聚对制造业的规模收益增长效应

生产性服务项目数量与制造业成本之间呈正相关关系,在坐标轴上等成本线从 B 向外弯曲到 B',斜率减小意味着成本随服务项目数量的增加而降低,等产量线则从 I 上升到 I',意味着将得到更多的产出。

生产性服务项目数量的增加能够有效降低成本,进而降低制造业生产产品的价格,至于临界点的把控,即生产性服务项目数量增加到何种程度才会导致制造业单品出现降价,则主要看生产性服务业代替弹性指数 σ 以及生产性服务业所耗成本在制造业总成本中的占比 $(1-\gamma)$。通常而言,代替弹性指数 σ 和生产性服务业导致的规模报酬增长呈负相关。如果生产性服务业与制造业在价值链环节属于互补关系,σ 的值将会降低,也就是说在这种情况下生产性服务项目对制造业生产产品的单位价格影响明显。如果 σ 值变大,也就是说生产性服务业与制造业生产品属于近似的代替物,那么制造业产品单位价格受生产性服务业规模扩大的影响较小。生产性服务项目所耗成本在总成本中的占比产生的影响非常直观。一般来说,在总成本中生产性服务项目占比越大,其对制造业产品单位价格的影响也就越大。反之,则越小。

当然,要防止生产性服务项目数量过多,则需要插入固定值的劳动力需求。这样一来,生产性服务业的总量将由实际劳动与固定劳动生成的函数关系决定,能够有效遏制其数量上限。按照生产性服务业与制造业的投入—产出关系,可以得出以下结论:生产性服务项目能够有效降低制造业生产成本,及社会必要劳动时间恒定,但个体单位必要劳动时间减少,产值得到提高,进一步实现规模效益。

(3)生产性服务业与制造业价值链融合促进制造业附加值提升

不同企业会有不同的生产特征,生产性服务业嵌入制造业生产链的方式也存在差异。因此,在二者融合的过程中如何增加产品附加值的路径也不尽相同,以下将分成两种:一方面,制造型企业按照前期市场调研结果可对消费者需求进行预判,因此在中期产品销售环节,可将一系列与产品联系密切的服务体验打包出售,以此提高自家产品的市场竞争力。这种模式也可称之为互补式融合。另一方面,由于生产性服务业与制造业上下游之间的联系都非常密切,因此,可将生产性服务业向不同环节延伸,例如上游的专利出售、概念设计、产品研发,中游的产品增值、仓储物流以及下游的售后维护、品牌建设等,这样可以拓宽制造业的业务范畴,利用现成资源开发新产品,找准客户需求定位,进一步提高市场占比。

(4)知识密集型生产性服务业提供的高级要素投入促使制造业创新能力提升

①知识密集型服务创造和扩散知识的过程与阶段

生产性服务行业具有丰富的人才优势与知识优势,利用专业化服务把自身具备的优势嵌入制造业产品生产环节。不妨说,生产性服务业在产品生产过程中是将信息技术进行转化,以便给企业积累知识、技术创新创造平台资源。但生产性服务业本身存在差异,因此,其对制造业的产出影响也要结合具体情况分析,主要在于生产性服务业所能提供的服务内容与服务体验以及其本身的创新空间。以往知识密集型生产性服务只跟产品设计以及通信技术有关,但随着经济发展社会进一步分工,知识密集型生产性服务的内涵和外延都与以前产生很大差别,知识密集型服务被重新阐释成"开发、组合、定位并根据消费者背景把有关技术运用于对应问题的服务"。此外,不同于以往抽象知识的交易买卖,它更多呈现出一种"创新合作模式"。知识密集型服务业将成为知识付费时代引领经济发展的风口。与"服务创新"有关的文献认为"非技术"类的技术和学习过程至关重要,它能够牵扯到企业管理、市场行为、消费特征、审计与法律等方面,掌握这些文献对于我们研究生产性服务对制造业的促进有着很大的帮助。国外学者 Tomlinson 与 Windrum 在不同国家进行考察,结果显示世界范围内任何国家工业投入和产出都受生产性服务影响,但影响的程度并不相同,这主要依据二者的动态匹配情况而不是生产性服务所提供的内容与质量。

知识密集型服务产业对制造业的生产创新贡献值越大,越能够提升制造业的产出率。这主要可以从知识储量、技术水平及其扩散两个维度说明。知识密集型服务产业在技术与知识创新扩散一般要经过三个不同阶段:一是对知识进行提取,二是对知识进行重新组合,三是把重组后的知识向外围企业扩散。对知识的提取主要来自于与其他企业或目标客户的合作过程,通过为第三方企业提供合作业务或为消费者提供服务来学习一些知识,并内化成企业的知识积累;对提取到的知识进行重组一般是针对企业内部知识资源优化而言的,通过对知识进行提炼,并结合市场动向以及消费者特点将提取到的知识进一步加工以便创造新的知识技能;知识扩散实质上是对知识的运用,通过转码,将知识提供给其他企业,为其他企业提供更优质的服务①。

知识向外扩散与企业间知识互动、知识再创造联系紧密。随着信息通信技术不断升级,时空限制被逐渐打破,知识密集型企业可以自由互动,但这种自由性造成的结果就是该类企业在某个区域内形成集聚,由于在企业双方的前期合作当中,更多需要直接交流,知识扩散局限于隐性知识,企业往往需要面对面与客户交流,针对客户的个性化需求,来传输知识并创造新的知识以满足客户的特定需求。不局限于地缘上的接近性,在这一阶段社会习惯、文化行为等因素都对管理起到很大影响。出于对隐性知识的重视程度,伴随信息技术的发展,早期知识密集型企业会在某个区域出现集聚。这就构成知识付费时代一个非常明显的悖论:表面上看,随着信息技术和交互技术的发展,以往时空上的限制已经被打破,生产性服务企业的选址不再受其掣肘;而在复杂的合作过程中涉及太多的转码与材料交接,隐性知识的传递也有赖于地缘上的接近以便节省成本。悖论下造成的结果是信息技术发展程度越来越高,而知识密集型企业的群聚效应越来越明显。

知识密集型企业知识的学习积累是个动态的过程,主要通过与客户的互动来实现知识再创造。可以说,知识整合不但包括输出,还包括重组。将重组后的知识进行编码就可以打包出售给客户。所以知识模块化有利于知识体系的升值。

②知识密集型服务促进制造业企业创新能力提升机制

资金短缺、管理松散、核心技术不发达、信息资源稀缺是目前制造行业当中规模较小的企业创新机制不健全的主要制约因素。特别是核心技术及企业管理运营模式的落后决定了中小型企业在知识获取与知识再创造方面必须面对的窘境。因此,企业创新能力的提升要立足于增强信息流动性和关键技术的研发创造,同时,必须认识到外部资源整合的作用,而不能将眼光局限于内部协调及内部研发。对于企业创新能力而言,它与"核心管理原则"息息相关,具体来看,企业创新能力的提升有赖于准确的市场调查和研发、市场和研发的合力以

---

① 孔令夷,邢宁宁.生产性服务业与制造业互动影响的比较研究[J].软科学,2019(6):42-48.

及对知识产权的保护①。根据企业吸收能力理论,企业经过对外部资源的整合吸收,再将内部资源与外部资源进行整合,最后产出为企业的创新项目和实际解决生产问题的能力。

站在世界价值链角度来看,价值链中以生产、仓储物流、营销与售后为主的下游环节对上游核心技术设计起到非常关键的互补作用。因此,知识密集型服务行业与中小型企业创新互动联系密切,从创新角度来说,两者属于协同创新关系。相较于其他商品,知识性产品的交易存在市场不确定性以及信息的不对称性。因此,对知识密集型服务产品的购买和普通产品存在区别。知识密集型产品能够给消费者提供三个功能体验:查实、找出并分析问题,对问题进行诊断,问题解决。可以看出,知识密集型企业主要在市场动向与制造型企业之间充当"转换器"的对接作用,并能够提高制造型企业的创新能力。

上文已经提过,知识密集型企业知识的获取以及创新能力的提高有赖于其与客户的互动,在互动中了解市场需求,并在为客户解决问题的基础上对知识进行再创造。二者的良性结合机制实际上形成了知识密集型企业与中小型制造业融合双赢的局面,而知识密集型企业促进制造业知识创新是按照一定"核心顺序"和三个"次顺序"进行的,具体表现为二者本身的互动、企业知识库的扩展、企业对知识的进一步吸收以及在此前提下对知识的再创造。需要注意的是,以上三个因素不是线性排列,它立足于回馈效应,通过持续的知识积累以及知识储量的延伸来进行相互作用。

良好的社会经济环境以及政治文化环境是创新必须具备的条件,各方面因素的合理搭配才能营造一种良好的创新体系建设氛围。这一过程涉及面非常广,具体来说包括创新友好环境、政策对创新的支持力度、专业的教育以及培训服务、与创新联系密切的信息以及创新所必要的资金支持等。在当前的知识经济时代,科学技术仍是保证创新的第一生产力。所以,知识密集型服务行业至关重要,特别是知识密集型企业与中小型制造业之间的互动协作,以及在合作

---

① 李平,付一夫,张艳芳.生产性服务业能成为中国经济高质量增长新动能吗[J].中国工业经济,2017(12):5-21.

当中产生的知识交互,在两业融合的合力作用下促进知识的创新扩散。

5.2 生产性服务业与制造业融合创新的模式与路径

5.2.1 生产性服务业与制造业融合创新的模式

产业融合,顾名思义就是不同行业间的相互联系、相互渗透。随着经济全球化以及产业转移升级趋势加深,融合发展已成为很多行业的未来策略,各产业间的区隔越发模糊,边界逐渐消融,但不同产业融合的推动因子却存在差异。因此,融合的方式、风格、进程、策略等也存在明显差异。就当前而言,服务业已成为经济发展的支柱型产业,以往以制造业为代表的第二产业也开始将重心由"开拓市场"向"深化服务"转变,立足不同视域,从不同层面考量,学界与业界把制造业和服务业融合的策略归类成不同方式。本章立足于技术革新背景,重点阐述企业自主创新能力在融合进程中发挥的作用,并运用价值链的有关理论,初步把制造业与服务业的融合划分成以下三种方式:

（1）嵌入式融合

嵌入式融合可分成两种模式:从制造型企业角度来说,可以选择在完成产品生产的过程中将一系列能够提高产品体验性的服务融合进产品性能当中;从服务型企业角度而言,则可通过利用制造型企业现代化的生产方式来生产服务型产品或直接将制造型产品插入服务产品生产过程当中。第一种模式又有以下两种实现手段:

第一种方式是"做优",即那些企业实力较大的公司会通过扩大产品价值链上的服务环节以达到优化制造产品综合价值最大化的目标。例如美的电器,通过开发自我诊断软件并将其嵌入产品当中,利用这一软件来对商品的性能进行检测。第二种方式的采用者一般为具有较强竞争力的大型企业,例如苹果、麦肯锡、麦当劳等。它们自身处于全球价值链的引领地位,企业不论是核心技术、市场占有率还是管理模式与品牌价值等都具有巨大的优势,以至于它们能够在世界市场当中挑选制造型企业为其进行贴牌生产、连锁经营,向客户提供统一高质量的服务,如美国苹果公司利用其资源优势让富士康及其他一些亚洲工厂为其提供加工服务,所有成品均贴苹果商标。据统计,亚洲多个国家每年都能从苹果公司接到大量制造订单;麦肯锡则主要给世界范围内的制造型企业提供咨询;麦当劳不仅在世界范围内挑选优质食材,还诚邀加盟。

第二种方式下的产业融合能够产生更大的经济效益,也是各家企业最理想的融合方式。总的来讲,它以服务型企业作为融合的主体,将制造业当中一些服务性质的产品以及先进的技术手段作为客体,并借助一系列先进手段将其嵌入服务型企业生产当中。例如,文化产业经常利用信息技术手段将生产的内容通过出版书籍、刻录光盘、搭建数据库等方式进行大规模批量化生产,最大限度提高传播力度,以便于取得收益,这点以媒体行业最具代表性。

(2)渗透性融合

渗透性融合又可称之为共生性融合,出于扩大市场的目的,企业往往需要照顾到一些有着特殊需求的客户。因此,不同行业、不同品牌之间通过同一标准、行业规范、合作准则等进行交互合作,在产品生产过程中主动将对方的优势融合,并逐渐消除自身品牌独立性,打造出一种全新的融合式产品。这种融合方式的实现途径主要有两种:从服务型企业来说,通过强大的技术优势、管理经验、市场份额与品牌价值等向制造行业进行附加值拓展,可以把自身产品直接插入或是通过"贴牌制造"的方式将自身服务性能融合进制造型企业的产品生产过程。利用这一种方式,可保证客户在进行产品购买或选择其他实体设备时,还能够得到一系列衍生的服务体验,包括设备安装、产品维护、产品更新、使用培训、技术支持、回购优惠等,使得产品的使用价值与企业品牌价值得到最大程度的提升,还可有效降低融合的成本。对于制造行业而言,应发挥其在有形商品创造过程中累积而成的经验优势,包括产品所有生产环节中涉及的有关服务知识、专业化技术水平以及所需要的设备支持,将这些经验转化为生产力,运用到有形产品的服务体验当中,例如售后、保修、教程等。将技术优势、资源优势与管理经验有机结合,促进企业服务整合,并将其运用到价值创造当中,延长价值链。通过这种"一站式"服务让消费者得到最好的消费体验,同时增强企业与客户的接触面,提高用户黏性,实现企业与消费者的共赢。如计算机生产商联想,该企业不但销售电脑、笔记本、移动手机、电视等多种电子设备,还与运营商商定改善网络基站,并与运营商签订合作条约,推出多款优惠套餐。美国苹果公司在上一任 CEO 乔布斯的带领下,已逐渐由单一的制造型企业向服务型企业转变,它不但出售手机、iPad,同时还推出用户体验改进计划等。目前苹果公司所有的加工制造业已经向亚洲工厂转移,总部主要负责产品研发设计。从服务性能自身来说,利用服务性能带动其他相关产品的销售,以服务性能超强的体验感提高其他性能的实用度也是方式之一。

借助这一方式,服务型企业可以把相关的配套服务嵌入市场产品以及向潜在的消费群体推广,有利于同消费者建立多元的客户关系。利用精准推送功能,牢牢把握目标受众,从而增加客户黏性,最大程度获得同一消费者所带来的不同来源的收益。例如,餐饮业与旅游企业的融合、储蓄业与商超的联合、文化产业与纪念品生产产业的合作等。

(3)捆绑式融合

捆绑式融合也可以称为附加型融合,特指制造业在生产过程中引入服务项目,使得制造行业渗透进服务化功能,导致制造业与第三产业的边界弱化,产业由原来单一的产品生产向提供服务体验转变,在产品的市场营销过程中将一系列附加的服务体验捆绑进产品当中,提高制造业的服务水平,塑造企业形象和提升品牌知名度。

立足于价值层面而言,具体来说,捆绑式融合有以下四种模式:第一,具有一定规模和实力的公司主动向上游进行捆绑式融合,这主要是向上游出售核心技术或专利;第二,企业向下游延伸业务层,将下游企业价值链纳入本公司生产体系当中,通过出售服务、提供部分技术支持,完成服务整合;第三,制造型企业通过与其他企业的合作共同研发产品为客户提供服务;第四是根据产品的"消费活动周期"给客户提供捆绑式服务,也可以叫作一站式服务,具体来说就是从前期的产品咨询到中期的购买体验,再到后期的售后服务,都由企业全程跟进以便让客户拥有最好的消费体验和产品使用体验[1]。

从整体而言,产业融合本质上就是对市场资源进行重组利用,以便最大程

---

① 李子叶,韩先锋,冯根福.我国生产性服务业集聚对经济增长方式转变的影响——异质门槛效应视角[J].经济管理,2015,37(12):21-30.

度获得收益。在融合过程中,不可避免地存在行业边界与技术区隔的消弭,市场重组、行业渗透、业务相交等趋势是融合的具体呈现形式。在这一过程中,企业的自主创新能力是产业融合的重要推动力,要想理清技术变革与行业相交之间的关系,就一定要从产业变革的影响因素出发,重点分析技术原因在众多因素当中起到的作用。

5.2.2 生产性服务业与制造业融合创新的路径

根据产业发展的克拉克定律,结合技术创新水平,当前我国生产性服务业创新升级可以通过制造业的服务化和服务业的产品化两个路径来实现。具体分析如下:

(1) 推进制造业与服务业融合

促进制造企业向创意孵化、研发设计、售后服务等产业链两端延伸,建立产品、服务协同盈利新模式。鼓励有条件的制造企业向设计咨询、设备制造及采购、施工安装、维护管理等一体化服务总集成总承包商转变。支持领军制造企业"裂变"专业优势,面向全行业提供市场调研、研发设计、工程总包和系统控制等服务。如图5.3所示。

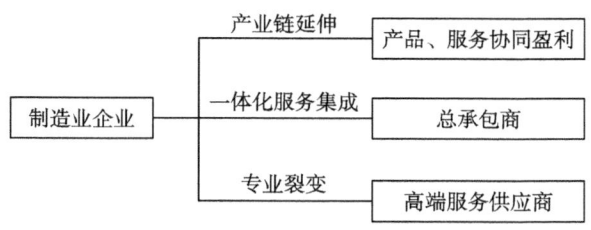

图 5.3 制造业服务化路径

(2) 推动服务业向制造业拓展

以产需互动为导向,推动以服务为主导的反向制造。鼓励服务企业开展批量定制服务,推动生产制造环节组织调整和柔性化改造。支持服务企业利用信息、营销渠道、创意等优势,向制造环节拓展业务范围,实现服务产品化发展。发展产品全生命周期管理、网络精准营销和在线支持新型云制造服务,实现创新资源、生产能力和市场需求的智能匹配和高效协同。如图5.4所示。

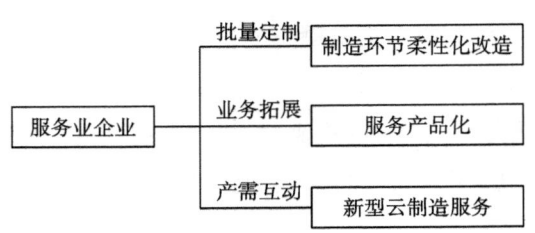

图 5.4　服务业向制造业拓展路径

随着信息化和网络化的深层次应用,生产性服务业和制造业的融合不断涌现出新业态、新模式和新业务。不同行业之间通过模式创新和战略互补,形成以生产性服务业为中心的新型经营模式。生产性服务企业不仅可以通过延伸价值链,提升业务附加值,还可以借助互联网平台实施跨界融合,构建业务交易中心和信息、资金平台,提升自身竞争力优势。

我国相关部门还可以通过实施工业信息化和网络化改造,促进传统大型制造业如我国钢铁向智能制造和模块化制造发展。利用公司的专业优势,拓展公司服务功能,向整个行业提供网络协同、大数据、工业流程改造和系统控制等高端服务,从而实现向现代服务业延伸。

5.3 生产性服务业与制造业融合创新的影响因素

(1)信息技术的应用

目前,大数据、云计算等技术手段在商业生产中的作用越来越明显,不论是传统的加工制造业还是以服务为主的第三产业,都离不开信息技术的支持,可以说,信息技术的运用使得制造业与第三产业之间的区隔越来越不明显,二者在技术应用层面融合的趋势进一步加深。这一点可以在不同层面得到很好的说明:第一个层面,技术边界弱化。信息技术有着很大的兼容性和普遍性,不论何种产业,企业在生产过程中利用同一技术手段所期望达到的效果往往殊途同归。信息技术能够将产品的生产与推广、售后联系在一起,对复杂的产品生产程序进行逐一渗透,即所谓产品与服务的融合[①]。

以企业管理系统为例,利用信息技术可以搭建用户资源管理系统、生产管理系统、财务管理系统、仓库管理系统、物流管理系统等。客户在这些系统中可以随时查询到自己所需信息,同时,企业还可开设线上咨询平台,为客户提供信息支持。这种系统不仅存在于制造型企业,在服务导向型企业内也很普遍。另外,信息技术的运用一定程度上还可节省生产环节产生的成本,以电商平台的发展为例,它取代了以往传统的线下经销商门店,有效解决了产品流通过程中存库的问题,有效提高经济效益。可以看出,在产品的价值实现体系当中,技术不再被区分,一个以生产为主的制造型企业也可以同时给用户提供咨询及售后服务,另外,服务导向型企业也有能力自主开发产品。

未来信息技术的不断进步、对信息资源的投入持续增加,可以预见的是,两业边界将进一步模糊。传统制造行业向信息化进军,既有"表",也有"里"。一方面,利用信息技术,产品生产、配套设备、企业管理、市场拉新、售后服务等环节都得到很大程度的改善,客户在购买产品的同时还获得了相应的服务。另一方面,利用信息技术,对负责设备管理、售后、咨询服务的人员进行培训,提高企业员工的服务技能与服务意识。特别在一些技术导向型产品当中,服务体验的价值远高于实体的使用价值。因此,产品与服务通过信息技术的接入而变得密不可分。

按照后现代主义学家鲍德里亚的观点,消费者对商品品牌与产品意义的重视程度已经超过实体的使用价值,而服务是一个品牌潜在的意义,制造型企业的转型一般从业务转移开始,将复杂且附加值较低的"长尾"环节转移至企业下游,重点研发与产品相适应的一整套服务设施,通常包括信息系统、控制系统、操作指南、软件包、后期维修等,在产品售卖过程中将整套服务系统打包出售,以增强企业商品体验性能、提高企业知名度。第二个层面,信息技术很好地解决了以往难以存储服务的缺陷,通过建立数据库、刻录光盘、出版电子书籍等方式,一些服务产品的生产和消费实现了,企业只负责生产内容,消费者购买的是

---

① 梁红艳.中国城市群生产性服务业分布动态、差异分解与收敛性[J].数量经济技术经济研究,2018,35(12):40-60.

成型的数据,二者间并不需要实际接触。因此,服务产品很大程度上被物化成新的实体商品,同时无法将其简单归结为服务产品或制造产品。两者的边界从另一维度被消解。综上所述,电子信息技术的进步与进一步普及将会造成行业边界的模糊,传统制造型企业与第三产业的区隔不再明显,两者互相渗透,融合程度进一步加深。

科学技术突飞猛进,高新技术产业也不断发展,产业形态呈现动态发展趋势,不同行业间交融互补、相互渗透,其中,最具代表性的是以数字融合为核心的产业融合,例如信息产业、传媒生态的嬗变,正是由于这些行业对信息技术的依赖,使得其成为最早出现融合的产业,同时也为其他产业的融合提供了经验和范例。

企业要想加快转变发展方式,优化企业内部结构,实现效益最大化,必须切实提高自主创新能力,以数字化方式参与研发、智能化手段进行生产、规范化方式参与企业管理、电子化运行商务模式,把服务性能嵌入产品价值链,将企业整个生产过程重新组合,增加价值链环节,促进制造业与第三产业的相互渗透、高度结合,以技术创新增进两业相融。

一方面,利用信息技术促进制造业整个生产流程技术的创新,以技术创新提高知识沉淀,进而提高对技术的吸收水平,内化到生产链的每一个部分。例如,研发阶段,可利用大数据、算法等信息手段参与核心产品的研发;生产阶段利用人工智能与高度集成的自动化工具替代手工作业,人力只需要学会控制机器即可;产品供应阶段可由第三方公司承包物流服务,或自主研发物流系统,如京东物流网络,其以自建的方式实现仓储共享与订单集成的一体化服务。

另一方面,服务导向型企业也需要大力增强对信息技术的应用,增加产品附加值,开拓新的市场,满足用户个性化需求,在保证企业核心竞争力的同时,牢牢把握分众市场,兼顾长尾。运用信息技术有利于服务型企业拓宽业务范畴,主要体现在三个方面:电商层面,利用信息技术可最大程度提高产品曝光率和供给速度;在媒体行业,信息技术能够为数字电视、LED设备等提供动漫、特效、游戏等内容产业发展的契机;对于金融服务行业而言,利用信息技术开通电子银行、e服务等也能够促进金融业的进一步发展。

(2) 核心技术革新

产业融合属于动态的变化过程,每一个环节的改变都足以引起融合发生转向。近年来,随着技术的发展以及政府的政策扶持,不同产业交汇的地带会出现新的融合,进而改变原有的市场格局、产品特征及用户需求。同时,技术创新会在原有产品生产周期上增加新的业务,例如,产品替代品的研发、服务性能的售卖,甚至有可能直接改变原有产品的性质与企业定位。以56直播平台为例,企业创始阶段定位是做物流平台,随着新媒体的日益发展、团队成员技术水平的提高,转而向新媒体行业发展,公司主推业务变成商业直播。技术革新也会导致市场需求出现变化,新的市场需求往往得益于技术的进步,以短视频为例,移动摄像头、特效处理等技术的创新捧起了抖音等产品,今日头条也从单一信息产业转变成多元发展的新媒体巨头。可以说,技术创新将会为产业融合提供广阔的需求空间。通常来说,企业向下游转移功能性业务往往伴随技术的转移,技术创新的"溢出效应"在这一过程表现得尤为明显,下游企业依赖于上层的技术支持,从而在技术层面保持与上游企业的相对一致。因此,下游与上游企业发展的技术壁垒被打破,为企业渗透提供强大的动力。

总的来说,技术融合有赖于技术进步的支持,同时技术融合又是企业转型融合发展的推动因子,在技术融合基础上实现的企业融合是产业转型发展的标杆,也是企业转型发展史上一次历史性变革,以技术融合为先导的产业融合将会是未来社会经济发展的支柱。

(3) 生产分工与企业专业化程度

站在传统经济学角度来说,长时间做同一种工作或从事特定的职业更加有利于经验的积累与技术的进步,随着企业规模扩大,生产的成熟,内部分工,即一种特殊生产要素的重新分配会造成经济结构的突变。根据新贸易理论,不同类型企业间存在分工,同时不同生产要素间的区隔也势必会造成企业内部的分工。而企业内部的分工将会进一步分化成产品分工,即产品生产流程中的不同环节存在工种、要素、技术间的区别。随着技术创新程度的加深,市场对产品质量的要求越来越高,反过来对企业生产也提出更高的要求。因此,企业生产工序变得更加复杂,价值链上的环节进一步分化,分工更加明显。以往由一家大公司完成整套产品生产的市场格局逐渐被打破,产品的生产环节将被细分到不同企业间共同完成,例如美国苹果公司,其总部主要负责芯片研发、外观设计及其他核心技术环节,而其他附加值较低的工序则被外包至其他公司完成,对于一些重要部件的生产,例如摄像头、电池、显卡等则通过购买或合作的方式来完成。

产品的价值链被细化成多个部分,得益于市场细分,一些在某环节具备优势的企业可以通过其强大的技术优势或成本优势在生产过程中脱颖而出。参与细分的公司,基本上都能在各自负责的环节进行专业化生产并获得经济效益,形成企业核心竞争力。如上文所说,技术创新是一个动态发展的过程,任何一种新技术的产生利用都有可能造成分工,未来企业分工将会进一步分化,并由此产生一系列新的企业,这些企业一旦在生产流程中占据了一定的优势,例如掌握了某一生产环节的核心技术,它就可以利用这一优势去开发新的产品,制造新的需求,并加入到新的产品价值链当中,如此循环,产品生产的价值链将会保持动荡,附加值也会越来越多,这将进一步消弭产业间的区隔和边界,为产业融合提供新的契机。

站在制造业的角度来说,一方面,技术进步将会促使企业进一步分工协作,并把一些本公司不具备技术条件或资源优势的项目打包出售给第三方服务公司,例如物流、咨询等,从而在制造行业渗透进服务化功能。站在服务型公司角度来说,可以通过技术手段将一些服务存储在光盘、数据库当中,便于用户随时提取,从而在服务行业渗透进制造的痕迹,随着技术不断创新、社会协作进一步加深,产业融合趋势越来越明显。最明显的莫过于移动智能手机的发展,iPhone 会不定期推出更新完的系统,并提示用户安装,但手机本身的硬件设施无法自动完成更新,一旦用户更新完处理系统或软件后,很容易造成卡顿或高耗电的情况,换句话说,只有硬件设备跟上软件的更新才能给用户提供最好的体验感,同时,软件也只有在硬件设备支持的基础上才能良好运行。另一方面,技术创新会激发新的市场需求,用户对产品的期待越发个性化,为满足用户的需求,最大程度占据市场份额,企业必须主动与其他产业融合,强强合作,以便满足用户的需求,这也为产业融合提供新的动力。

（4）基于产学研一体的创新平台

创新是个动态过程，内含工序相对复杂且多变，部分实力较弱的企业难以凭一己之力完成产品研发，且缺乏创新的持续性。因此，必须各方联动，将有限力量结合在一起，共同完成技术的创新。在这一过程中，政府应提供必要的政策支持，企业要深入市场，提高技术敏感度，以平台的力量拉动企业进行投资，共同参与到技术创新服务当中，保证研究成果由投资企业所共享，打造协作共赢机制，也有利于技术创新平台的市场化运营。这种技术创新平台的搭建，能够将不同性质、不同行业的公司结合到一起，自然也就不分制造业或服务业了，同时以技术共享推动产业链的互相渗透，达到技术交互，进而实现两业融合。

技术协作推进了产业的融合进程，以往社会整个的生产链不再由某一家企业独有，生产的每一个环节都能独立成一个部分，甚至于不论是制造工序还是服务工序，在整个价值链系统内都只能作为单一的环节。但利益瓜分却不平衡，在整个价值体系当中，大部头的利益主要集中于部分企业当中，这些企业有的以品牌、商标为核心竞争力，有的则通过垄断关键技术以获得最大收益，还有些主要利用市场占有率来控制需求[1]。在此情况下，企业要想长远发展，就必须对整个生产链上的资源进行整合重组，打通价值链当中制造环节与服务环节的壁垒，争取在产品研发、业界标准制定、贸易沟通等方面进一步深化合作，构建大产业合作曲线，并在一些核心领域与其他企业建立产学研深度协作关系，以协作带动技术的自主创新。力求在核心业务层、技术层、市场层面有所发展，利用关键领域的业务合作与技术创新，改善企业生产流程、优化内部资源配置，使得制造行业渗透进服务化功能，同时通过技术手段将一些服务存储于实体当中，在服务行业渗透进制造的痕迹，加快制造业与服务业的融合进程。

---

[1] 刘胜，顾乃华.行政垄断、生产性服务业集聚与城市工业污染——来自260个地级及以上城市的经验证据[J].财经研究，2015，41(11)：95-107.

第 6 章

促进我国生产性服务业创新升级的政策建议

6.1 生产性服务业创新升级的需求侧改革建议

生产性服务业创新升级的需求侧来源于制造业的发展。一个国家经济发展的总体水平、产业发展状况以及比较优势主要通过商贸布局、商贸模式以及商贸政策来体现。20 世纪 80 年代到现在,30 多年的探索发展,我国的工业化水平与发达国家相比仍有很大差距,产业化程度较低,组织与精细化发展不充分,工业现代化水平还停留在初期阶段,制造业发展大部分依靠加工组装与生产主导,除此之外还有模仿借鉴与粗放经营类型。因此,我国的贸易结构一直以来都以附加值低的加工贸易为主。以往我国资金链不完善,资金规模较小,技术落后,高素质劳动力短缺,管理模式落后,产业运营方式陈旧,因此只能走这一道路。从某种程度上说,模仿外国经验也是一种进步,而经过一定时期的模仿后,就必须要有自主创新能力才能继续发展。我国以往基本上都是作为全球加工工厂、全球组装车间,在未来,中国必须成为全球现代化的大工业制造与生产基地,必须向全球办公室以及国际创造基地转变,努力打造一批大资本、高技术以及多人才的发展区域。同时,积极发展高端产品,取代以往制造业于全球产业链与生产价值链中中低档的局面。在"微笑曲线"当中,制造业通常位于价值链低的底层,中国未来应努力攀爬曲线,向高附加值的两端进步。

(1) 制造业高质量发展

可以说,要想切实提高制造业发展水平,就必须集中优势力量推动生产性服务贸易的进一步壮大,推动制造业和现代服务业的紧密联合,生产分工进一步精细化与专业化,将生产大环节中的服务工序外包一部分出去,利用对服务环节的二次创造,拉动制造业资源配置与合理使用水平的提升。一个国家的制造业,其现代化与工业化水平可以用服务贸易总量中的生产性服务贸易占比指标来体现。

我国高端层次的制造业其服务水平有限,且不能发展成独立的可贸易产品,因此服务贸易发展程度与发达国家仍有一定差距。以工业研发设计行业为例,我国在这一领域还不能生产自主知识产权的专利以及产品品牌等高附加值的产品,服务能力有待提高。据调查统计,我国在制造技术方面,发明专利的数量只占美国与日本专利总数的1/30,占韩国专利数量的1/40。在技术导向型产业内,技术引进方面的使用资金和消化吸收使用的资金比例为1∶0.1,IT领域的关键行业,如计算机,也仅为1∶0.01,但大部分发达工业国的承接项目总经费当中,仅用于消化创新的资金就是其3倍左右。日本在这一数据上更加罕见,其于战后经济振兴阶段用于消化创新的资金是承接项目总经费的10倍。这一数据所导致的结果就是:中国一直以来只能生产出中低层次的产品,且附加值较低,制造业增加值率只有26.3%,与美国、日本以及德国相比,分别少了22个百分点、22个百分点以及11个百分点。

据相关数据统计,我国现在有自主品牌的本土企业只占注册企业总量的20%,而少数自主品牌的出口总量在出口总额中占比不超过10%,其中,自主品牌的鞋服贸易出口份额不到1%。以制造业的生产性服务行业为例,目前我国在这一方面发展程度较低,2006年全年,我国工业品物流总量大约在51.7万亿元左右,占全国物流总量的86.7%。工业品物流需要非常庞大的资金,因此整个社会在物流方面的总耗资很大,据统计,2006年我国物流总耗费在3.8万亿元以上。就目前来看,我国制造业处于历史转变的关键节点,必须抓住机遇努力完成产品的研发设计、品牌树立与渠道的拓展,打造高附加值环节,深耕并细化高端领域,最大限度提高行业总体效益。

(2)**大力引进服务先进的高水平跨国企业**

加快发展服务贸易有利于我国产业档次与产业国际知名度的提升。我国应把握好全球资本流向服务行业与高新技术行业的历史机遇,主动引进服务先进的高水平跨国企业,努力打造先进跨国企业的服务生产园区、先进制造产业园区、研发设计基地以及区域化运营中心,利用服务外包所带来的"溢出效应",推动我国企业迈向国际高端产业链,扩大利润规模,提高生产效率,加快企业创新。通过更加细分、更加专业及体系化的经营,提高生产性服务业的可贸易性,即使服务产品能够像制造业实体产品一样进行离岸外包,同时把制造业生产环节中的服务工序独立出来,集中优势资源促进其发展成独立运营的生产部门或形成独立的产业领域。必须把握好全球资本流向服务行业与高新技术行业的历史机遇,加速制造业产业结构变革,拓宽服务领域,向研发设计、品牌塑造层面延伸,进一步精简成本,提高产品附加值。

(3)利用外包服务提高我国在国际服务产业分工中的地位

服务外包的进一步壮大有利于我国先进制造型企业的进步。20世纪80年代之后,我国制造业水平明显上升。现在,先进制造产业正逐步取代以往的制造业。服务外包通过把附加值低的非核心工序外部化,以达到更加精细更加专业的分工格局。全球服务外包的经验告诉我们:将制造业中的信息、物流、员工管培以及交易流程等服务环节外包给具备专业性与比较优势的公司来完成,有利于提升母公司的生产效率,外包之后的制造业可以集中优势资源打造自己的核心竞争力,最大限度提高公司的效率与水平。从多数公司的外包实践中不难看出,发展服务外包有利于我国打破制造业发展的桎梏,向全球高水平产业赶超。

世界经济越来越成为一个整体,国际商贸及投资所遭受的阻力也越来越小,网络信息技术在生产当中的重要性日益上升,价值链在世界范围内也越来越成为一个整体。服务商贸提高方式的创新,简单说就是由以往劳动力资源主导的服务工序,拓展至产业价值链的上下游环节:一是具有一定规模和实力的公司主动向上游进行延伸,这主要是向上游出售核心技术或专利;二是公司主动向下游延伸业务层,将下游企业价值链纳入本公司生产体系当中,通过出售服务、提供部分技术支持,完成服务整合。我国服务外包发展的基础在于软件与IT行业。因此,我国应立足以上行业的生产要素努力创造比较优势,具体来说就是延长资金链、扩大信息网以及加固技术层,将服务贸易由以往陈旧的体系转变至现代模式,由比较优势转移至竞争优势。

6.2 生产性服务业创新升级的供给侧结构性改革建议

6.2.1 优化生产性服务业的内部结构

本质上说,从属性上看服务业大致有两种,即消费型服务与生产性服务。前者主要满足顾客对服务的消费要求,后者主要满足生产性产品与服务的中间使用要求。中间投入当中服务投入的占比被称为服务投入比,这一指标主要用来衡量服务投入于中间投入中的相对水平。和日本、美国、德国等发达国家相比,我国不管是制造型产业还是服务类产业在这一数据上都要小得多。以服务产业的服务投入比为例,美国这一数据长期稳定于60%~80%,日本则长期稳定在45%~70%,德国这一数据也较稳定,大约在55%~80%,但我国这一数据波动较明显,且区间值低,一般在34%~44%,从数据对比中可见,我国这一数据的峰值还不如上述国家的最低值。再以制造行业为例,我国在制造业上的投入值与发达国家相比也远远落后,其顶峰值仅仅为18.35%,但日本、美国以及德国的最低值都已经分别达到了17.49%、21.11%以及23.19%。

近年来,经济服务化已成为经济发展的必然要求,国际价值链上的核心增值点和盈利点也更多汇聚在生产性服务领域内,我国制造业规模虽大但企业实力不强,增值率远低于发达国家,其中最大的原因就在于服务投入值的差距。按常理推论,制造业的增值大部分由生产性服务提供,且基本上集中在产品研发设计、营销渠道拓展和企业管理、品牌塑造、价值链优化等环节;综合以往的实证研究来看,不论研究对象具体是在哪一国家,研究结果都能够证明:生产性服务的投入值和制造业的增值二者间存在正向联系。

与国外相比,我国生产性服务业的不足之处在于服务使用层次不平衡、投入值低。美国的生产性服务在2002年的增长值在GDP中的占比高达47.83%,但我国这一数据仅为16.10%,差距非常大;德国与美国的生产性服务在中间部分的利用值占比均提高不少,日本则大部分时期都维持在较高水平,但我国却出现回落。服务的中间利用以及产业的服务投入都包含在生产性服务当中,所以,我国服务业发展的关键就在于生产性服务层面上的突破。

(1)我国服务业发展的关键在于生产性服务层面上的突破

一方面,生产性服务目前是我国服务进一步发展的软肋,另一方面,在服务行业领域,终端消费的服务逐年上升,再综合考虑我国当前的经济发展状况以及国民收入水平、产业结构布局等方面因素,本研究认为,我国服务业发展的关键就在于在生产性服务层面取得一定程度的突破。

第一,我国生产性企业专业化与外部化程度较低,更倾向于内部化发展。不管是生产性服务还是消费型服务,都存在上述问题。据有关数据统计,中国制造型公司建立了内部物流运输车队的有49%,建立内部仓库的公司占46%,在机械化装卸装备上相对完善的公司占48%,建立了高架库和立体库的公司有9%,而有自己的铁路枢纽及铁路网的企业占了13%。但以上物流方面的资源成本造价过高且利用率严重不足,例如,汽车空驶比重超过一半的公司占5%,平均空驶率总量约34.7%。此外,我国制造型公司原料物流承包至外部的仅仅只有19%,制成品运输通过外部公司完成的只有18%。

生产性服务之所以内部化趋势明显,主要有以下几个原因:一是公司出于保守商业机密以及遵循企业市场竞争策略的考虑;二是我国公司"全面、保守"的观念由来已久,一时间难以更改;三是我国市场制度不完善,市场环境不利于企业积极往外部发展。我国企业的内部化发展趋势对服务市场的整体格局构成将会造成很大的阻碍作用,同时也不利于服务行业朝专业化方向发展。

从整个世界范围内看,分工的精细化与专业化成为大势所趋。因此,产业专业化程度低就意味着产业发展水平低,同时生产成本大大提升,另外,这对于产业结构优化以及产品档次的提升也会有很大的负面影响,进而影响到企业的市场竞争力。我国的生产性服务业出现的最大缺陷就是专业化程度严重不足。正因为专业化程度低下,所以才造成产业档次低、性能弱的状况,同时在产业尤其在制造业层面,所能提供的支撑力也较弱。

目前,全球竞争越来越朝国内发展,而本土竞争则越来越向全球化进军,全球产业竞争重心与GVC内核心增值点以及盈利点更加趋向于微笑曲线的两端,即产业价值链中的高附加值方向。需要注意的是,这刚好是我国产业的不足之处。客观上说,我国大部分制造型企业之所以在重点先进生产技术上存在缺陷,缺乏世界级品牌与厂商,最大的问题就在于高端生产性服务分工不够精细,专业、产业档次较低。因此,也就无法形成有战略作用的全球销售规模。①

这一严重缺陷造成了两方面的不足:一是我国公司在参与 GVC 时,生产的环节更多属于价值链低端,产品附加值与增值都与发达国家相去甚远,二是容易受到发达国家或地区资本与技术实力强大的跨国公司的打击与排斥。所以,推动生产性服务向外部发展,进一步深化生产分工才是增加我国产业全球市场竞争力的关键。通过专业化程度的提升以及外部趋势的导向作用,将生产性服务领域的档次与水平稳步提高,再逐步提高其支撑水平,这样才能使制造业的生产水平以及核心竞争水平得到质的进步。

第二,消费型服务行业的进一步壮大与社会经济发展水平、国民总体收入状况、消费者消费习惯、社保制度等多个因素相关。国民收入状况与生产分工的专业化程度由社会经济发展情形而定,而国民收入状况与生产分工的专业化程度又能够对消费者的消费方式与特点造成影响。本质上说,服务作为一种特殊产品,其收入弹性一般更高;除此之外,社保制度的完善度以及保障水平都会影响消费者的消费行为,一般来说,倘若消费者无法对将来进行稳定预期,那么其在服务上的花费就不会有太大的变化;同时,消费习惯通常都是恒定的,一旦形成,短期内很难改变。出于对这些因素的考虑,我国当前要在消费型服务行业上进一步壮大且发展成主导性产业仍有很长的路要走,其过程漫长而困难。所以不难看出,想要通过消费型服务行业的发展来促进整个国民经济的发展这条路的可行性较低,尽管其仍是我国现在亟待发展的领域。

第三,我国产业布局主要以工业为主,这对于生产性服务业的进一步发展是一大优势。截止到 2016 年,GDP 总份额中工业占比已达 43.3%。工业在未来很长一段时间里都将是我国最关键的经济增长动力源。其原因是我国区域发展不平衡,随着人口与劳动力数量的增加将导致就业形势严峻。因此我国还

---

① 曹聪丽,陈宪.生产性服务业集聚、城市规模与经济绩效提升——基于空间计量的实证研究[J].中国经济问题,2018(2):34-45.

能够接受工业的进一步扩大。同时,我国目前竞争力较强的产业大部分集中于工业,可以说,工业的进一步壮大以及加工组装型产业的发展在新兴优势产业成长起来之前并不会被淘汰或轻视。

目前我国生产性服务最核心的需求对象就是第二产业,同时,工业的进一步壮大又需要生产性服务的支撑。不论是提高工业增值率、减少贸易耗资,还是提高产业竞争力、创新生产方式,都有赖于生产性服务提供支持。同时,服务行业对服务的需求也只能依赖工业的市场基础才会出现。所以,产业联动的本质就是我国生产性服务和工业联合壮大。①

全球代工的工业发展方式限制。参与全球代工是我国公司加入全球生产分工格局,并利用"干中学"效应实现发展水平提升的有效方式,台湾就是利用这一途径才实现 IT 产业升级的。但在全球代工方式中,生产价值链分布不平衡,这导致本土生产性服务所产生的需求减少,具体来看,产品的研发设计、品牌塑造以及营销贸易、网络化经营以及先进管理等高附加值环节均由大型跨国企业所垄断,本土的代工公司只能在加工与生产制造等附加值低的生产环节进行生产。我国高端生产性服务市场需求的缺失很难对生产性服务行业进行升级与壮大,所以目前我国加快生产性服务同制造业的联系,以互动来带动两者的发展与产业结构优化。

(2)生产性服务业的发展是服务业发展的关键

世界经济一体化以及技术的不断变革导致了生产分工不断精细与专业,制造业当中的服务领域逐渐被分解成相对独立的部门,为满足消费需求与服务进一步生产的需求,其进一步分解成消费型服务业、生产性服务以及公共服务。如果服务产品的交换发生在一国境内,则该贸易模式就属于国内服务贸易;如果交换的空间由一国变成多国,那么就形成全球服务贸易。制造行业的国际化带动了服务产业的国际化。服务业要想获得竞争优势必须深入世界市场,所以

---

① 高洋,宋宇.生产性服务业集聚对区域制造业技术进步的影响[J].统计与信息论坛,2018,33(4):75-84.

服务贸易主要体现在全球范围内的贸易行为。[①]

本质上看服务业才是服务贸易的前提,因此服务贸易的竞争说到底就是服务行业发展的竞争。近年来,服务业发展迅速已经取代以往很多产业的优势地位成为一国主导型产业,因此服务交换在全球范围内兴起,相应的服务贸易也得到发展。反过来,全球服务贸易又促进了各国社会经济与行业的发展。

实际上,服务业的存在就是为社会供应服务产品,服务贸易只是实现服务产品在不同地区之间能够进行交易的手段或方式,同时这种交换能够跨越空间,且在不同空间的交易会呈现不同的形式,例如境内贸易与海外贸易就是两种不同的贸易方式。而保证服务产品能够在不同空间进行交换的前提条件就是世界经济一体化大环境以及交通运输行业的发展、网络信息行业的发展以及科学技术的持续进步。具体而言,技术进步为贸易提供技术支撑,而世界经济一体化则为其提供平台支持。

目前,世界产业转移的关键在于服务业而非以往的制造产业。大多数发达国家正致力于通过发展生产性服务业来打造新的核心竞争力,同时国际服务贸易的发展对知识密集型服务贸易的依赖性越来越强,诸如信息行业、金融理财行业、健康保险行业、专利使用与特许使用权等。可见,生产性服务业的发展对服务行业整体的进步升级具有非常关键的意义。

6.2.2 积极融入国际生产性服务业产业链

近年来,国际范围内生产性服务业快速发展,已成为全球服务行业的支柱。在欧美众多发达国家当中,金融服务产业、专业服务、物流服务、信息服务等生产性服务业以其强大的市场占有率在所有服务行业中的比例已超过50%,成为世界经济未来发展的先导型产业。它不但改变了传统的服务业业态模式及经营策略,同时还促进了服务业的迭代进程。随着经济全球化程度不断加深,以及高新技术持续涌现,世界生产性服务业相应的也会出现一系列新的变化。

---

① 王晶晶.生产性服务业集聚对城镇化影响的空间外溢效应——基于空间计量模型的实证分析[J].现代经济探讨,2017(7):88-94.

(1)全球生产性服务业总量持续增长

20世纪80年代以来,全世界范围内经济产业结构性转向明显,"服务型经济"逐渐取代传统"工业型经济",大部分发达国家也将服务业作为经济发展的主体性产业,制造业则向发展中国家或本国劳动力密集区转移。从 World Bank 提供的数据来看,世界服务行业总规模于2006年已达36.8万亿美元左右,目前世界服务业产值在总产值中平均占比已突破60%,一些较发达国家突破75%,生产性服务业在这当中的增长比重远高于服务业的平均增长比重。在一些经济合作发展组织(OECD)国家当中,信息、保险、金融、房地产与经营服务等生产性服务业的增加值在 GDP 中的占比已突破1/3。生产性服务业已成为发达国家经济发展的先导性产业。以信息服务、专业服务、科研与技术服务、金融服务为代表的知识性经济产业,因具备海量的信息资源、先进的技术优势、丰富的知识含量以及专业的人才引流手段,已逐渐成为先导性的生产性服务业,引领着服务业以及世界经济的未来发展。

(2)生产性服务业发展的关键动因在于技术创新

科技进步以及一大批创新成果的面世推动了生产性服务业的进一步壮大。现在,全球许多国家开始不断投入资金用于生产性服务产业的研发设计。其中,美国是最有代表性的国家,其投资研发设计环节的资金在全球范围内占比高达45%,投入的大部分资金用于软件开发与维护升级。美国投入资金排行榜前十的研发企业中,IT 企业与软件企业占了五家。2002年英特尔公司投入40亿美元用于产品研发设计,在产品销售份额中的占比达到12%。① 同年英国服务业投入研发设计环节的资金总量突破25亿英镑,以金融服务、审计服务、信息咨询服务等为主的生产性服务行业的研发注资规模超过3.6亿英镑,同比上升36%。生产性服务业的创新与壮大得益于研发设计环节的巨大投入。生产性服务业的科技创新进一步发展也导致一部分对行业发展起到重要作用的成果得以产生。另外,生产性服务业市场竞争力提升的关键还有营销手段的

---

① 武力超,张馨月,侯欣裕.生产性服务业自由化对微观企业出口的机制研究与实证考察[J].财贸经济,2016(4):101-115.

创新。

（3）生产性服务业产业链的形成

世界范围内特别是部分发达国家其生产性服务业壮大明显,不断完善产业分工并朝更加精细化与专业化方向发展,同时形成了一条完整的产业链,在发展过程中其不断拓展,这是目前生产性服务行业发展最大的特征。该产业链可以给公司提供由产品立项至产品销售和服务的整体支持。任何企业的发展都离不开在这一产业链当中找准自己的定位与发展路径。

6.2.3 国内外生产性服务业集群发展案例

生产性服务行业的进一步壮大能够有利于产业集群尤其是技术密集型产业集群的转型、创新与核心竞争力打造,并支撑其进一步发展。目前,全球范围内有着丰富、成功且具有行业代表性的生产性服务业集群发展案例,这能够给生产性服务行业在未来的发展提供很好的经验与参考价值。

（1）美国硅谷围绕高技术产业的生产性服务业集群

硅谷的地理位置处于美国加州的旧金山南部,总规模约3880平方公里左右。目前硅谷是全球范围内公认的最富有创新水平的技术导向产业集群,其中,生物制药技术、网络信息技术、半导体技术、网络移动通信技术等是最有竞争力的代表,且遥遥领先于别国,硅谷内世界级著名品牌和公司众多,最有代表性的有微软公司、网景公司、英特尔公司等。

在硅谷当中,生产性服务业大部分以研发设计以及先进科技服务为主,是国际产业分工的高附加值环节。一方面,硅谷IT公司的从业者占比高达16%,同时这一领域是以研发制造为主具有代表性的产业。除此之外,以研发为主导性的企业还有半导体/设备、计算机/通信等,这些产业中制造成分极低。另一方面,硅谷特别看重服务在创新创业过程中的意义,因此,创新设计服务业集群发展速度快、规模大,在硅谷当中属于第二大产业集群；此外,硅谷在设计方面的水平领先全球,其主要产业群的就业大部分都在设计领域；最后,硅谷先进技术导向型产业的发展得益于风投资本的推动。其中闻名世界的苹果公司、先进微器件公司、英特尔公司均是通过风投从而进一步壮大的。

硅谷的金融产业以及中介服务发展速度也很快。拥有一大批专门为技术导向型公司提供服务的商业银行，例如著名的硅谷银行、美洲银行、富网银行，最具本土特色的就是硅谷银行。其把为技术型与成长型公司供应服务作为业务的重点，主要涉及为这些企业提供支票账户、现金管理以及信用证服务，除此之外硅谷银行还给技术密集型公司提供融资，主要为专利、工艺、商业计划等无形资产供应贷款。而充当整合作用的就是各种中介组织，其大大推进了不同创新要素的整合。

（2）英国围绕生物技术产业的生产性服务集群

英国生物技术产业在全球市场总体份额中占比超过10%，产业涵盖了生物制药、农业生产与食品加工等方面，生物技术中小型公司规模达到270家，在欧盟生物技术企业总量中占比达到1/3。英国以生物技术产业发展为中心，打造了一批生产性服务业集群，为生物技术产业的进一步壮大提供了服务支撑。

以英国地方生物协会为例，该协会能够提供制定生物技术发展方案服务，还能够在企业与企业之间、员工与员工之间创造互动的条件和环境。

（3）意大利围绕中小型公司成长起来的生产性服务集群

意大利集中优势资源推动区域行业中小型公司集群发展，其中，包括家具、鞋服、食品在内以都市工业为主的产业集群数量达到199个。所以，意大利立足中小型公司服务需求产生的服务业发展速度非常快，这也是意大利生产性服务业发展过程中出现的最大特点。不同产业间的亲密合作是意大利产业集群得到快速发展的重要原因，在集群内部，所有企业都往"小而精"的方向发展，依存度较高，在供应链上各环节紧密联系，同时，研发设计、信息咨询等中间组织也给产业发展提供了必要的服务，使企业得以进一步促进创新与新产品的生产。

（4）上海以开发区为载体的生产性服务业集群

上海独特的地理位置及综合条件有利于现代服务业记忆先进制造业的发展，特别在融合了第二和第三产业的生产性服务行业，如金融理财、健康保险、研发设计、商务服务、信息咨询等，这些行业已逐渐变成上海经济发展的主导性产业。经过几年的探索发展，在促进生产性服务园区建设上，上海也有着独到除此之外,嵌入型服务外包业务的拓展也促进了我国服务外包规模的壮大。一些规模较大的制造型公司逐渐把非核心技术业务的嵌入型软件通过外包的方式和我国专业化外包企业完成协作,以确保开发进程与水平,最大限度减少开发成本与时间。

(2)把握金融投资机遇促进服务外包业务发展

按照世界贸易组织制定的相关条款,我国在 2006 年之后就放宽了外资银行在所有权与经营权方面的准入要求,还减少了外资在所有权方面的制约,同时支持外资银行对我国用户供应人民币业务服务,并向外资银行提供相关的福利。以上政策变动扩大了外资银行在华的规模与业务量,许多国际企业在我国的金融投资迅速增长。我国金融服务业务外包开始得比较迟,但相关经验并不欠缺,大部分银行都曾参与过 ITO 软件外包以及后勤业务的外包活动。

(3)通过服务外包跨国企业的分包途径促进服务外包发展

按照《中国信息产业年鉴(电子卷)2017》统计的数据,如图 6.1 所示,在软件出口收入方面,我国本土公司在软件出口创收领域已经高于外资公司,在软件业务出口总创收当中占比突破 50%,但本土公司在软件外包服务的出口领域仍然远远低于外资公司。主要原因有以下三点:第一,本土软件公司大部分规模较小,难以形成规模效应增加服务出口总量;第二,本土软件行业总体技术水平较为落后;第三,我国软件行业同世界接轨程度较低。所以,与发达的外资公司相比,我国软件行业产出的服务还无法达到国外消费者在软件设计方面提出的要求。

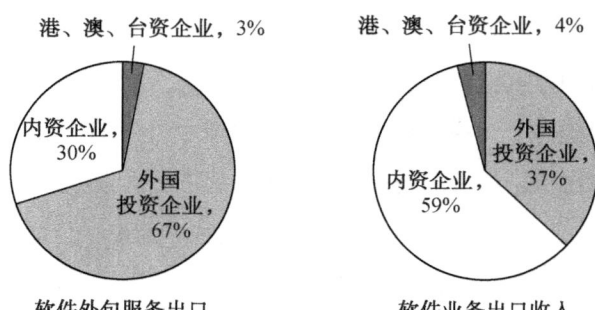

图 6.1 各企业类型软件外包服务出口和软件业务出口收入比例图

数据来源:《中国信息产业年鉴(电子卷)2017》,第 112～114 页。

因此，本土公司只有依靠自身服务水平的上升、服务与管理方式的升级，才能在大公司分包过程中创造更大的收益，然后再从大公司分包的基础上与世界市场接轨，从而发展自己的外包业务。

（4）利用外资发展服务外包中的政府作为

通过外资促进本土资本的发展，进一步提升服务外包水平。首先，本国公司要学会依靠自身条件拓展渠道，加大与外资的业务往来程度，力求从外资企业或大型跨国公司手中承接到部分服务外包业务。其次，政府应尽量扶持服务外包企业的发展，通过政策指令等措施让本土企业与跨国性企业在业务往来上接轨。我国在21世纪初加入了世界贸易组织。因此大部分国际企业陆续进入我国发展业务，但在诸如金融保险、电信、零售与银行等一些特殊行业，要想进入，必须经过我国政府的审批，而以上行业企业在加盟我国市场之后基本上都会制定归核化战略。对此，我国政府可向上述企业建议对本土企业供应外包服务。

6.3.2 促进生产性服务业OFDI

我国可利用对外投资的方式，针对发达国家的服务业进行投资，打造全球化的服务业发展体系，同时促进相关行业在国际范围内进行投资。

第一，对资源型公司进行收购。这种收购主要针对矿产资源型企业，收购方式通常有两种，一种由生产性服务公司与制造型公司联合并购，另一种是生产性服务公司独立进行收购。

第二，对股权进行收购。

第三，股权投资。由于这种投资方式不要求对股份进行控制。因此这属于一种较为简单的投资行为，但投资方仍然会尽量取得企业大股东的地位，并委派董事。

6.4 培育我国生产性服务业的创新机制

我国生产性服务在聚集区模式、服务外包模式以及海外资本推动模式等创新型模式的促进作用下，其发展水平将得到很大提高。但需要明确的是，生产性服务行业的创新模式一定要有与其相适应的配套模式，其主要涉及互动模式、协作模式以及需求模式。

(1) 创新互动机制

聚集区模式鲜明的空间特征以及内部出现的关联机制在一定程度上促进了生产性服务业的蓬勃发展。在聚集区当中,现代服务业同生产性服务行业之间有着关联性极高的互动效应:首先,一个城市的生产性服务行业聚集在一起将给现代服务行业的进一步发展创造足够的发展区域,现代服务业的发展离不开生产性服务行业公司提供的动力,同时,生产性服务业还是其主要的客户群体。因此,生产性服务行业的繁荣势必导致城市现代服务行业的壮大,生产性服务行业公司的集聚对于现代服务行业进一步壮大的需求将更加强烈;其次,生产性服务行业的存在与进一步发展离不开现代服务行业的支持。完善的基础配套设施是生产性服务行业集聚区存在与进一步发展的前提条件。促进现代服务业的壮大才能够更好地推动生产性服务行业聚集区内形成良好的互动关系。因此,中国一定要提高现代服务业发展的速度与水平。

(2) 协作创新机制

协作模式和服务外包模式相互对应。目前,长三角是中国接纳服务外包业务最多的地区,完善的区域内部协作机制在一定程度上正是推动区域内生产性服务外包业务快速增长的主要原因。长三角占地面积虽然只占我国陆地总面积的1%,即只有大概10万平方公里,但长三角地区在华跨国性企业的规模庞大,在数量上占据了很大优势。另外,长三角地区还是我国大型制造公司最核心的一块聚集区。据2017年企业数据统计,我国制造型公司排名前500当中,有120多个公司来自长三角地带,在500强制造型公司中占比达到25%,具体来看,44个公司源自上海,42个公司来自浙江,40个公司来自江苏。①

我国长三角地带城市化水平基本都在全国前列,地理位置上具有得天独厚的交通网络优势,其海、陆、空三个方面的物流运输体系都较发达,资本雄厚,产业基础强劲,这些都是该地区聚集生产性服务外包业务的区位优势。同时,该地段还有一些比较特殊的优势:沪地的生产与制造所需资源非常丰富,它与苏浙一带的苏州、嘉兴、昆山、无锡、台州以及宁波等制造生产资源密集的区域间

---

① 宣烨.要素价格扭曲、制造业产能过剩与生产性服务业发展滞后[J].经济学动态,2019(3):91-104.

形成了"生产－加工基地"的功能分工和行业协作机制。这种机制的形成在一定程度上也奠定了长三角地段的生产性服务外包在很长一段时间内的发展趋向：确立上海的中心地位，承接跨国性企业的外包业务，将本土的大型公司服务业务外包出去；确立杭州和南京的副中心地位，鼓励跨国企业的子公司在这些地区建立，同时将本土实力较强的公司的服务业务外包出去，再把省内本土公司的服务通过外包方式进行转移。除上述地区之外，还可以把无锡、宁波、嘉兴等多个沿岸城市的城市特色进行深度挖掘，吸引本土公司服务业务的转移，再相应地接纳进省内大公司的服务业务转移，最大限度地将地区内的企业分工进行细化，扬长避短，互为补充，打造长三角地段长期的市场竞争力。

（3）外需机制

我国相关部门需要积极促进既有的各级创新平台向辖区内企业全天候开放，同时以有偿服务的形式对各类科研设备的使用提供便利。提升制造业各环节和生产流程的体验价值，引入VR等新型虚拟场景技术，支持企业在工业旅游、智能制造、文化体验等领域开展线上线下业务，提升企业品牌知名度和附加值，为企业创新提供新动能。

当前，我国需要鼓励现代服务业企业到与省内外开展服务协作。可以根据我国制造业对生产性服务业的市场需求情况和生产性服务业发展情况，优先发展跨境电子商务、供应链金融管理、企业知识产权保护、共享经济、网络协同研发等服务行业，逐步形成我国生产性服务的品牌效应。

海外资本的投注能够新增一定规模的外向型需求，这些需求的增长也在一定程度上促进了我国生产性服务行业的进一步发展。对于该需求所呈现出的重点与特征，我国可将其作为突破口和切入点来对全球性离岸外包业务进行接包，对于服务行业的双向投资贸易行为应给予政策上的优惠，从整体上强化服务行业对海外资本的引进力度，以促进全行业的进一步壮大。另外，进一步放宽对全球离岸服务业务外包在特定功能区的限制，利用好出口加工区建立方面的经验，以及利用服务业科技园区接纳离岸服务外包业务方面总结的方案，对全球离岸服务业务外包过程内出现的发展问题进行总结分析，并进一步研究其发展过程。此外，我国还应加快建立同世界服务行业接轨的发展体制，改善政策条件与综合发展环境，建立一系列国际型服务中心，力求最大限度的增强中国在全球性服务外包业务上的接包与转移的水平。"工匠精神"，是一种对生产精益求精、对产品精耕细作的执着精神。这种精神是工业发展中真正的诚信品质、责任意识与创新风范。众多发达国家在制造业领域基于"工匠精神"的企业文化深刻扎根于从基层的职工到企业管理阶层中形成了富有生命力的工业价值观。据统计,日本、德国、荷兰、法国等国家拥有 200 年历史以上的企业数量居全球前列,日本中小企业的平均寿命达到 12.5 年,远远高于我国同类企业不到 3 年的平均寿命。

服务企业的创新离不开服务业对服务品质的追求和对服务技术的挖潜。制造业领域的"工匠精神"同样有助于生产性服务企业的创新发展。当前我国许多企业一谈到升级,首先想到的就是购买新设备,设备升级。殊不知,相比于生产设备的升级,更重要的是工艺流程的升级,是职业精神和从业能力的升级。我们需要培育具有匠人精神的服务业企业家。现代服务业企业家更要像匠人那样,拿着放大镜仔细观察服务产品,树立企业自身的服务标准。

参考文献

中文部分

[1]曹聪丽,陈宪.生产性服务业发展模式、结构调整与城市经济增长——基于动态空间杜宾模型的实证研究[J].管理评论,2019,31(1):15-26.

[2]曹聪丽,陈宪.生产性服务业集聚、城市规模与经济绩效提升——基于空间计量的实证研究[J].中国经济问题,2018(2):34-45.

[3]陈恩,王惟.生产性服务业的集聚能否促进区域创新能力的提高?——基于广东省21个地级市的计量分析[J].科技管理研究,2019,39(6):79-85.

[4]陈红霞.北京市生产性服务业空间格局演变的影响因素分析[J].经济地理,2019,39(4):128-135.

[5]陈洁,王耀中.产业关联与生产性服务业空间分布——基于中国城市面板数据的空间计量分析[J].经济经纬,2016,33(6):96-101.

[6]陈明,魏作磊.生产性服务业开放对中国服务业生产率的影响[J].数量经济技术经济研究,2018,35(5):95-111.

[7]陈栋.OFDI中研发投入与创新效率研究[J].科学管理研究,2016(4):106-109.

[8]陈宪,黄建锋.可贸易性:决定因素与影响分析[J].上海经济研究,2004(4):86-89.

[9]陈宪,陈大中.国际服务贸易:原理、政策、产业[M].上海:立信会计出版社,2000(4).

[10]陈晓华,刘慧.生产性服务业融入制造业环节偏好与制造业出口技术复杂度升级——来自34国1997—2011年投入产出数据的经验证据[J].国际贸

易问题,2016(6):82-93.

[11]程大中.中国服务业的增长、结构变化及其影响——基于投入产出法的分析[J].财贸经济,2006(10):32-39.

[12]程大中.中国服务业增长的特点、原因及影响——鲍莫尔—富克斯假说及其经验研究[J].中国社会科学,2004(2):33-39.

[13]程中华,李廉水,刘军.生产性服务业集聚对工业效率提升的空间外溢效应[J].科学学研究,2017,35(3):364-371.

[14]董亮,刘兰娟.智慧城市进程中生产性服务业聚集趋势研究[J].科技管理研究,2015,35(12):123-127.

[15]杜君君,刘甜甜,谢光亚.京津冀生产性服务业与制造业协同发展——嵌入关系及协同路径选择[J].科技管理研究,2015,35(14):63-67.

[16]樊文静.出口导向型经济对我国生产性服务业发展的影响路径——基于需求视角的分解[J].国际经贸探索,2015,31(7):19-29.

[17]高洋,宋宇.生产性服务业集聚对区域制造业技术进步的影响[J].统计与信息论坛,2018,33(4):75-84.

[18]顾乃华、毕斗斗、任旺兵.生产服务业与制造业互动发展:文献综述[J].经济学家,2006(9):25-29.

[19]郭然,原毅军.生产性服务业集聚、制造业集聚与环境污染——基于省级面板数据的检验[J].经济科学,2019(1):82-94.

[20]贺正楚,吴艳,张蜜.我国生产服务业与战略性新兴产业融合问题研究[J].管理世界,2012(12):33-35.

[21]吉亚辉,甘丽娟.中国城市生产性服务业与制造业协同集聚的测度及影响因素[J].中国科技论坛,2015(12):64-68.

[22]江小涓、李辉.服务业与中国经济:相关性、结构转换和加快增长的潜力[J].经济研究,2004(3):16-19.

[23]江小涓.高度联通社会中的资源重组与服务业增长[J].经济研究,2017(3):106-109.

[24]江小涓.服务外包:合约形态变革及其理论蕴意.经济研究,2008(7):4-10.

[25]江小涓.李辉.服务业与中国经济:相关性和加快增长的潜力[J].经济

的经验:第一,以近郊园区为代表的区域,尽管无法大力发展现代制造业,但可将园区环境与功能进行改善升级后可向生产性服务行业靠拢;而那些发展空间广阔且城市化程度高的地方,利用二次功能定位,可向特色专业服务转变;那些发展空间狭小或濒临极点的区域,可利用二次创业的方式,对产业能级进行升级,剔除弱势产业,并利用土地资源方面的相对优势来发展生产性服务产业。[1]

6.3 促进生产性服务业的 FDI 与 OFDI 发展

6.3.1 利用 FDI 发展生产性服务离岸外包

大规模的生产性服务转移一直以来都是促进我国社会经济发展的重要因素,我国生产性服务转移的趋势与规模对服务外包发展有着直接的影响。

近年来,我国服务领域准入门槛逐渐放低,特别是金融行业,因此我国服务行业将大有可能进一步吸引海外资本直接投资。前文已对服务离岸外包和生产性服务转移之间的关系进行了具体分析,将我国生产性服务转移在各个产业之间的变化趋势进行了总结。能够看出,我国目前非服务业生产性转移规模逐渐缩小,而以金融业生产性转移为代表的服务业则逐渐上升,以上两种趋势都能够给我国服务外包的进一步发展带来有利条件。因此我国应把握时机,推动国内产业结构的调整与优化。

(1)通过制造业外资促进服务外包发展

我国境内制造型跨国企业拥有潜在的广袤的服务外包市场。制造型公司的生产性服务流程中能够创造出丰富的服务外包。为集中优势资源打造市场核心竞争力,制造型公司往往会把一些附加值低的生产环节外包。因此,规模庞大、实力强劲的制造型跨国企业便出现了一片广袤的服务外包买方市场。目前制造型跨国企业在我国服务外包行业发展过程中处于十分重要的地位,这一重要性将在未来很长一段时间里保持,特别是中高端服务市场。

---

[1] 袁中华,詹浩勇.生产性服务业集聚、知识分工与国家价值链构建[J].宏观经济研究,2016(7):98-104.

研究,2004 (1):21-23.

[26]江小涓等.关于测度服务业发展水平的探讨[J].财贸经济,2004(7):12-19.

[27]孔令夷,邢宁宁.生产性服务业与制造业互动影响的比较研究[J].软科学,2019 (6):42-48.

[28]李磊,蒋殿春,王小霞.企业异质性与中国服务业对外直接投资[J].世界经济,2017 (11):86-89.

[29]李平,付一夫,张艳芳.生产性服务业能成为中国经济高质量增长新动能吗[J].中国工业经济,2017 (12):5-21.

[30]李子叶,韩先锋,冯根福.我国生产性服务业集聚对经济增长方式转变的影响——异质门槛效应视角[J].经济管理,2015,37 (12):21-30.

[31]梁红艳.中国城市群生产性服务业分布动态、差异分解与收敛性[J].数量经济技术经济研究,2018,35 (12):40-60.

[32]梁向东,黄妍,阳柳.生产性服务业与中国城镇协同发展:基于典型城市群的分析[J].福建论坛(人文社会科学版),2019 (3):185-193.

[33]刘胜,顾乃华.行政垄断、生产性服务业集聚与城市工业污染——来自260个地级及以上城市的经验证据[J].财经研究,2015,41 (11):95-107.

[34]刘叶,刘伯凡.生产性服务业与制造业协同集聚对制造业效率的影响——基于中国城市群面板数据的实证研究[J].经济管理,2016,38 (6):16-28.

[35]刘志彪.为什么我国发达地区的服务业比重反而较低?——兼论我国现代服务业发展的新思路[J].南京大学学报(哲学.人文科学.社会科学版),2011 (3):54-59.

[36]卢福财,徐远彬.互联网对生产性服务业发展的影响——基于交易成本的视角[J].当代财经,2018 (12):92-101.

[37]吕荣杰,呼静,张义明.生产性服务业集聚对区域技术转移的作用机制——协同创新与环境规制视角[J].科技进步与对策,2019,36 (2):51-58.

[38]毛海欧,刘海云.中国制造业全球生产网络位置如何影响国际分工地位?:基于生产性服务业的中介效应[J].世界经济研究,2019 (3):93-107.

[39]宁吉喆.新常态下的服务业:理论与实践[M].北京:中国统计出版社,2017(4):78-79.

[40]庞瑞芝,邓忠奇.服务业生产率真的低吗?[J].经济研究,2014(12):116-119.

[41]綦良群,张庆楠.我国装备制造业与生产性服务业网式融合影响因素研究[J].科技进步与对策,2018,35(13):64-71.

[42]申明浩,卢小芳.生产性服务业对制造业产业高度的影响研究——基于省级动态面板数据的GMM估计[J].国际经贸探索,2016,32(8):26-40.

[43]沈华夏,殷凤.制造业与生产性服务业互动不平衡性[J].国际经贸探索,2019,35(3):54-69.

[44]孙铁柱,郭帅.生产性服务业FDI对制造业效率的影响——基于生产成本与创新能力的实证研究[J].企业经济,2019(5):85-91.

[45]唐晓华,张欣钰,李阳.制造业与生产性服务业协同发展对制造效率影响的差异性研究[J].数量经济技术经济研究,2018,35(3):59-77.

[46]王聪,曹有挥.生产性服务业视角下城市网络的演化模式与机制研究——以长江三角洲为例[J].地理科学,2019,39(2):285-293.

[47]王聪.长三角生产性服务业的时空演变及其特征[J].南京社会科学,2017(7):49-56.

[48]王晶晶.生产性服务业集聚对城镇化影响的空间外溢效应——基于空间计量模型的实证分析[J].现代经济探讨,2017(7):88-94.

[49]王猛,姜照君.服务业集聚区、全球价值链与服务业创新[J].财贸经济,2017(1):12-13.

[50]王绍媛,张涵帼,罗婷.生产性服务业投入对中国服务业全球价值链长度的影响[J].宏观经济研究,2019(3):80-96.

[51]王恕立,胡宗彪.中国服务业分行业生产率变迁及异质性考察[J].经济研究,2012(4):56-58.

[52]王文,孙早.制造业需求与中国生产性服务业效率——经济发展水平的门槛效应[J].财贸经济,2017(7):23-29.

[53]王文,孙早.制造业需求与中国生产性服务业效率——经济发展水平的门槛效应[J].财贸经济,2017,38(7):136-155.

[54]武力超,张馨月,侯欣裕.生产性服务业自由化对微观企业出口的机制研究与实证考察[J].财贸经济,2016(4):101-115.

[55]徐宏毅,黄岷江,李程,徐珊.生产性服务业 FDI 生产率溢出效应的实证研究[J].管理评论,2016,28 (1):22-30.

[56]许和连,成丽红.制度环境、创新与异质性服务业企业 TFP——基于世界银行中国服务业企业调查的经验研究[J].财贸经济,2016 (10):86-89.

[57]宣烨,余泳泽.生产性服务业集聚对制造业企业全要素生产率提升研究——来自 230 个城市微观企业的证据[J].数量经济技术经济研究,2017,34 (2):89-104.

[58]宣烨.要素价格扭曲、制造业产能过剩与生产性服务业发展滞后[J].经济学动态,2019 (3):91-104.

[59]姚战琪.全球价值链背景下中国服务业的发展战略及重点领域——基于生产性服务业与产业升级视角的研究[J].国际贸易,2014 (7):36-38.

[60]于斌斌.生产性服务业集聚如何促进产业结构升级?——基于集聚外部性与城市规模约束的实证分析[J].经济社会体制比较,2019 (2):30-43.

[61]于斌斌.生产性服务业集聚与能源效率提升[J].统计研究,2018,35 (4):30-40.

[62]于斌斌.中国城市生产性服务业集聚模式选择的经济增长效应——基于行业、地区与城市规模异质性的空间杜宾模型分析[J].经济理论与经济管理,2016 (1):98-112.

[63]余东华,信婧.信息技术扩散、生产性服务业集聚与制造业全要素生产率[J].经济与管理研究,2018,39 (12):63-76.

[64]袁中华,詹浩勇.生产性服务业集聚、知识分工与国家价值链构建[J].宏观经济研究,2016 (7):98-104.

[65]原毅军,郭然.生产性服务业集聚、制造业集聚与技术创新——基于省级面板数据的实证研究[J].经济学家,2018 (5):23-31.

[66]詹浩勇,冯金丽,袁中华.我国城市生产性服务业集聚模式选择——基于制造业内部结构分类的研究[J].宏观经济研究,2017 (10):92-107.

[67]张虎,韩爱华.中国城市制造业与生产性服务业规模分布的空间特征研究[J].数量经济技术经济研究,2018,35 (9):96-109.

[68]张如庆,张登峰.生产性服务业垂直专业化的测度及影响因素研究——基于 WIOD 跨国面板数据的实证分析[J].现代经济探讨,2019 (4):

88-95.

[69]张玉华,张涛.科技金融对生产性服务业与制造业协同集聚的影响研究[J].中国软科学,2018(3):47-55.

[70]仲鑫,游曼淋.生产性服务业影响制造业出口的实证研究[J].中国科技论坛,2016(2):48-53.

[71]祝佳.生产性服务业与制造业双重集聚效应研究——基于政府行为差异的视角[J].武汉大学学报(哲学社会科学版),2015,68(5):52-60.

[72]邹卉,汪本强,江可申.高技术产业和生产性服务业互动关系的实证研究——以安徽省为例[J].企业经济,2015(11):130-134.

英文部分

[1]ALCHAIN A,DEMESTETS H.Production,information costs and economic organization[J].American Economic Review,1972(62):775-793.

[2]ANDRES MAROTO SANCHE.Productivity in the services sector: conventional and current explanations[J].Service Industries Journal,2012,32(5):719-746.

[3]ANTRS PO,L ELHANNN HELPMAN.Global sourcing[J].Journal of Political Economy,2004(12):552-580.

[4]AMITI,MARY,SHANG-JIN WEI.Service offshoring and productivity: Evidence from the United States January[J].National Bureau of Economic Research Working Paper,2006,11926.Cambridge,MA.

[5]ASEAN-ANU.Migration Research Team Movement of Workers in ASEAN: Health Care and IT Sectors[R],REPSF Project No,04/007,2005.

[6]ASHLEY A BUSH,AMRIT TIWANA,HIROSHI TSUJ I.An empirical investigation of the drivers of software outsourcing decisions in Japanese organizations[J].Information and Software Technology,2007(8):1006-1009.

[7]BAUMOL W J.Macroeconomics of unbalanced growth[J].American Economic Review,1967(57).

[8]BARNEY J.Firm resources and sustained competitive advantage[J].

Journal of Management,1991,17（1）:9-120.

［9］BEDNARZIK,ROBERT W.Restructuring information technology: Is offshoring a concern?" ［J］.Monthly Labor Review,2005,128（8）:11-21.

［10］BENOIT A AUBERT,SUZANNE ROVARD, MICHAEL PATRY. A transaction cost approach to outsourcing behavior:Some empirical evidence ［J］.Information & Management,1996（30）:50-61.

［11］BETTENCOUT A,BROWN S W.Client co-production in knowledge-intensive business service［J］.California Management Review, 2002, 44（4）: 100-128.

［12］BHAGWATI.Why are services cheaper in the poor countries? ［J］. E-conomic Journal, Vol.1984(94).

［13］BIVENS L J.Truth and consequences of offshoring ［J］.Briefing Paper, Economic Policy Institute.2005(4).

［14］BLINDER A.Fear of offshoring ［J］.Princeton University, CEPS Working Paper, 2005,No.119,November.

［15］BUCH C.The Euro-no big bang for European financial market ［J］. Konjunk-turpolitik, 1998(47):11-78.

［16］CAINELLI G,EVANGELISTA R,SAVONA M. Innovation and economic performance in services:A firm-level analysis ［J］.Cambridge Journal of Economics,2006,30（3）:435-458.

［17］CASTELLS M,YUKO AOYAMA.Path towards the informational Society: Employment Structure in G-7 Countries, 1920—1990 ［J］. International Labor Review, 1994,Vol.133,No.1.

［18］CHAPMAN KEITH.Industry evolution and International dispersal: The fertilizer industry ［J］.Geo forum, 2000（31）:371-384.

［19］ DAVID DOLOREUX, RICHARD SHEARMUR. Exploring and comparing innovation patterns across different knowledge intensive business services ［J］.Economics of Innovation & New Technology, 2010, 19（7）: 605-625.

［20］DJELLAL F, GALLOUJ F. A model for analyzing the innovation dynamic in services: the case of assembled services [J]. International Journal of Services Technology & Management,2007,9（3）:285-304.

[21] DONNA MARSHAL, L RONAN MCIVOR, RICHARD LAMMING. Influences and outcomes of outsourcing: Insights from the telecommunications industry [J].Journal of Purchasing& Supply Management, 2007 (13):245-260.

[22]DUNNING J H.Multinational enterprises and the growth of service: Some conceptual and theoretical issues [J] .The Service Industries Journal, 1989 (9):5-39

[23]DUNNING H JOHN.The electric paradigm as an envelope for economic and business theories of MNE activity [J]. International Business Review,2000 (9):163-190.

[24]DUNNING J H. The theory of transnational corporations [M]. London, Rortledge,1993.

[25]EGGER P M, PFAFFERMARYR. Sectoral adjustment of employment: The impact of outsourcing and trade at the Micro Level [J].IZA Discussion Paper,2003,No.921.

[26]EGGER P.The international fragmentation of Austrian manufacturing: The effects of outsourcing on productivity and wages [J].North American Journal of Economics and Finance,Vol.2001,12,Iss.3.

[27]EISENHARDT K M.Agency and institutional theory explanations: The case of retail sales compensation [J]. Academy of Management, 1988 (31):488-511.

[28]FAIZ GALLOUJ, MARIA SAVONA. Innovation in services:A review of the debate and a research agenda [J].Journal of Evolutionary Economics,2009 (4),19:149.

[29]GIRMA S, H GORG.Outsourcing, foreign ownership, and productivity: Evidence from UK establishment-level data [J].Review of International Economics,2004,Vol.12,Iss.15.

[30]GOLDBERG L G,JOHNSON D.The determinants of US banking ac-

tivity abroad [J]. Journal of International Money and Finance, 1990 (9): 123-137.

[31]GORG HOLGER, HANLEY AOIFE. International outsourcing and productivity: Evidence from the Irish electronics industry [J]. North American Journal of Economics and Finance, 2005 (16): 255-269.

[32]GORG H, A HANLEY. International outsourcing and productivity: Evidence from the Irish electronics industry [J]. North American Journal of Economics and Finance, 2005, Vol.16, Iss.2.

[33]GOTTFREDSON M, PUYEAR R, PHILLIPS S. Strategic sourcing: From periphery to the core [J]. Harvard Business Review, 2005, February. 132-139.

[34] GOUREVITCH PETER, BOHN ROGER, MCKENDRICH DAVID. Globalization of production: Insights from the hard disk drive industry [J]. World Development, 2000, 28 (2): 301-317.

[35]GRAF MICHAE L MUDAMBIM, SUSAM. The outsourcing to IT-enabled business processes: A conceptual model of the location decision [J]. Journal of international management, 2005 (11): 253-268.

[36]GRANT R M. The resource-based theory of competitive advantage: Implications for strategy formulation [J]. California Management Review, 1991 (33): 113-125.

[37]GRAY J M, GRAY H P. The multinational bank: A financial MNC? [J]. Journal of Banking and Finance, 1981 (5): 33-63.

[38]GRILICHES Z. Productivity, R&D and the data constrain, American Economic Review, Vol.84, No.1.1994.

[39] GRUBEL H G. All traded service are embodied in materials or people. World Economy, No.10.1987.

[40]HANLON G. Institutional forms and organizational structures: Homology, trust and reputational capital in professional service firm. Organization, 2004, 11 (2): 187-210.

[41]HAMILTON C, J WHALLEY. Efficiency and distributional impli-

cations of global restrictions on labor mobility: Calculations and policy implications [J]. Journal of Development Economics, 1984, 14 (1-2): 61-75.

[42] HYUN-SOOHAN, JAE-NAM LEE, YUN-WEON SEO. Analyzing the impact of a firm's capability on outsourcing success: A process perspective [J]. Information & Management, 2007(9).

[43] INSINGA R C. WERLE M J. Linking outsourcing to business strategy [J]. Academy Of Management Executive, 2000, 14 (4): 58-70.

[44] JACOBIDES M G, W INTER S G. The co-evolution of capabilities and transaction costs: Explaining the institutional structure of production [J]. Strategic Management Journal, 2005 (26): 395-413.

[45] JAMES MARKUSEN. Modeling the offshoring of white-collar services: From comparative advantage to the new theories of trade and FDI [J]. NBER Working Paper, No.11827.2005.

[46] JAMES H LOVE, STEPHEN ROPER, NOLA HEWITT-DUNDAS. Service innovation, embeddedness and business performance: Evidence from Northern Ireland [J]. Regional Studies, 2010, 44 (8): 983-1004.

[47] JENSEN, BRADFORD, LORI KLETZER. Tradable services: Understanding the scope and impact of services offshoring [J]. Presented at offshoring white-collar work: The issues and the implications, brookings institution trade forum, Washington D.C.2005.

[48] J JENSEN, G ROTHWEL L. Transaction costs, regulation and subcontracting at nuclear power plants [J]. Journal of Economic Behavior and Organization, 1998, 36 (3): 369-181.

[49] JOÃO J.M. FERREIRA, MÁRIO L. RAPOSO. Does innovativeness of knowledge-intensive business services differ from other industries? [J]. Service Industries Journal, 2013, 33 (7-8): 734-748.

[50] JOHN FAHY. A Resourced-based Analysis of Sustainable Competitive Advantage in a Global Environment [J]. International Business Review, 2002 (11): 55-70.

[51] JOTA ISHIKAWA, HODAKA MORITA, HIROSHI MUKUNOKI.

FDI in post-production services and product market competition [J].Journal of International Economics,2010,82 (1):73-84.

[52]KERN T, WILLCOCKS L. Exploring information technology outsourcing relationships: Theory and practice [J]. Journal of Strategic Information System,2000 (9):320-350.

[53]KOTABE M ,MURRAY J Y. Global sourcing strategy and sustainable competitive advantage [J].Industrial Marketing Management,2005(33): 7-14.

[54] KSHETRINIR. Institutional factors affecting offshore business process and information technology outsourcing [J].Journal of International Management,2007 (13): 38-56.

[55]LEWIN ARIE, MANIMATTMAHADEVA. Next generation outsourcing: The service provider's perspective[R].2008,February,18.

[56]LI JIATAO.International strategies of service MNCs in the Asia Pacific region [J]. The International Executive,1994,36 (3):305-325 .

[57]LI J,GUISINGER S. The globalization of service multinationals in the triad regions:Japan, Western Europe and North America [J]. Journal of International Business Studies, 1992,23 (4):675-696.

[58]LISO,AS VERGORI. The different approaches to the study of innovation in services in Europe and the USA [J]. Metroeconomica,2017,68 (1).

[59] LM CASTRO, A MONTOROSANCHEZ, M ORTIZDEURBINACRIADO. Innovation and productivity in knowledge intensive business services [J]. Service Industries Journal,2009,31 (1) :7-20.

[60]LOVELOCK C H,GEORGE S Y. Developing global strategies for service business [J].California Management Review,1996,38(2):64-86.

[61]LUO Y, SHENKAR O,NYAW M K.Mitigating liabilities of foreignness:Defensive versus offensive approaches [J]. Journal of International Management, 2002, 8 (3): 283-300.

[62]MARY AMITY,SHANG-JIN WE.Service offshoring, productivity and employment: Evidence from the United States [J]. IMF Working

Paper.2005.

[63]MANN, CATHERINE L. Globalization of IT services and white collar jobs: The next wave of productivity growth.December 2003.International Economics Policy Briefs, No.PB03-11, Institute for International Economics, Washington D.C.

[64]MARJA T, WEI JIANG. The role of knowledge-intensive business service in national innovation system. Proceedings on international conference of innovation and service. Manchester,2002.

[65]MATTOO, AADITYA, OLARREAGA, MARCELO. Reciprocity across Modes of Supply in the World Trade Organization -A Negotiating Formula [R].World Bank, Policy Research Working Paper Series,2000.

[66]MA MANSURY,JH LOVE.Innovation,productivity and growth in US business services: A firm-level analysis [J].Technovation,2008,28 (1-2): 52-62.

[67] MCIVOR R. A practical framework for understanding the outsourcing process [J].Supply China management,2000 (5).

[68]MOHAMED HEDI BCHIR.The effect of Mode 4 liberalization on illegal immigration [R].African Trade Policy Centre, Work in Progress No, 55,2007.

[69] MOLMICHEA L. Does being R&D intensive still discourage outsourcing? Evidence from Dutch manufacturing [J]. Research Policy, 2005 (34):571-582.

[70] MUDAMBI R. The MNE investment location decision: Some empirical evidence [J].Managerial and Decision Economics,1995,16,249-257.

[71]MUDAMBI R, NAVARRA P.Political tradition, political risk and foreign direct investment in Italy [J]. Management International Review, 2003,43 (3):247 - 265.

[72]MUKHERJEE A DEVELOPING COUNTRIES and GATS Negotiations: The case of India [J]. Global Economy Journal,Vol 5,Issue 2, 2005.

[73]MULLER E,ZENKER A. Business service as actors of knowledge

transformational: The role of KIBS in regional and national innovation systems [J].Research Policy,2011, 30 (9): 1501-1516.

[74]NIGH D,CHO K R D,KRISHNAN S.The role of location-related factors in US banking involvement abroad: An empirical examination [J]. Journal of International Business Studies,1986(17):59-72.

[75]PARKHE ARVIND. International outsourcing of services: Introduction to the special issue [J].Journal of International Management,2007 (13): 3-6.

[76] POL ANTRAS, LUIS GARICANO, ESTEBAN ROSSI-HANSBERG.Offshoring in a knowledge economy[J]. NBER Working Paper No. 11094,2006.

[77] POL ANTRAS, LUIS GARICANO, ESTEBAN ROSSI-HANSBERG. Organizing offshoring: Middle Managers and Communication Costs [J].NBER Working Paper,2006.

[78]PRAHALAD C,HAMEL G.The core competence of the corporation [J].Harvard Business Review,1990 (68):79-88.

[79]QUINN J B.The intelligent enterprise:A new paradigm [J].Academy of Management Executive,1992 (6):46-58.

[80]RAUCH,JAMES E. Business and social networks in international trade [J]. Journal of Economic Literature,2001,12 (1):1177-1203.

[81]RICBARD E, BALDWIN, RIKARD FORSLID.Trade liberalization with heterogeneous firms [J].Working Paper, 2006.

[82]RONALD COASE.The nature of the firm [J].Economica,2014 (4): 386-405.

[83]SAGARI S B.United States foreign direct investment in the banking industry [J].Transnational Corporations,1992 (3):93-123.

[84]SHUGAN S M.Explanations for the growth of services.In:Rust RT, Oliver RL,editors.Service Quality:New Directions in Theory and Practice [J]. Thousand Oaks,CA:Sage Publications,1994(7):72-94.

[85] SEGARRA BLASCO A. Innovation and productivity in

manufacturing and service firms in Catalonia: a regional approach [J]. Economics of Innovation & New Technology, 2010, 19 (3) :233-258.

[86]STACK M, DOWNING R. Another look at offshoring: Which jobs are at risk and why? [J]. Business Horizons, 2005 (48): 513-523.

[87]STURGEON T. Modular production networks: A new model of industrial organization [J]. Industrial and Corporate Change, 2002, 11 (3): 451-496.

[88]TETHER B. Do services innovate (differently)?: Insights from the European innobarometer survey [J]. Industry & Innovation, 2005, 12 (2): 153-184.

[89]THOMAS KERN, JEROEN KREIJGER, LESLIE WILLCOKS. Exploring Asp as sourcing strategy: Theoretical perspective, propositions for practice [J]. Journal of strategic information system, 2002 (11):153-175.

[90] TOMIURA E. Foreign outsourcing, exporting, and FDI: A productivity comparison at the firm level [J]. Discussion Paper Series No.168, Kobe University, 2005.

[91]WINDRUM P, TOMLINSON M. Knowledge-intensive service and international competitiveness: A four country comparison [J]. Technology Analysis and Strategic Management, 1999, 11 (3):391-408.

[92]UNCTAD. World investment report 2004: The shift towards service [M]·New York: United Nations Publication, 2004:116-118.

[93]United Nations conference on trade and development (UNCTAD), World Investment Report[R]. United Nations, New York. 2004.

[94]WALMSLEY T, W INTERS L A, PARSONS C, AHMED S A. Quantifying the international bilateral movements of migrants [R]. Paper presented at the 8th annual conference on global economic, Lübeck, Germany, June 2005 World Trade Organization.

[95]WALMSLEY T, W INTERS L A. Relaxing the restrictions on the temporary movement of natural persons: A simulation analysis [C]. CEPR Discussion Paper No, 3719, 2002.

[96] WARF BARNEY. Telecommunication and the globalization of financial services [J].Professional Geographer,1989,41 (3):257-271.

[97]WEINSTEIN A K. Foreign investment by service firms: The case of the multinational advertising agency [J]. Journal of International Business Studies,1977 (8):83-92.

[98]WILLIAMSON O.The economic institutions of capitalism[M].New York:Free Press, 1985.

[99]WILLIAMSON O E.Transaction-cost Economics:The governance of contractual relations [J].Journal of Law and Economics,1975 (22):230-256.

[100]WINTERS L A.Assessing the efficiency gain from further liberalization:A comment In P Sauve and A Subramanian, efficiency, equity and legitimacy:The multilateral trading system and the millennium [M].Chicago: University of Chicago Press,2001.

[101]WINTERS L A,T L WALMSLEY, Z K WANG,R GRYNBERG. Liberalizing labor mobility under the GATS [C].Economic Paper No.53 Commonwealth Secretariat,London,2002.

[102] WILLIAM J. BAUMOL, SUE ANNE BATEY BLACKMAN, EDWARD N.WOLFF. Unbalanced growth revisited: Asymptotic stagnancy and new evidence [J]. The American Economic Review,1985,75(4),806-817.